中国历史大通关

迟红叶◎编著

中国宇航出版社
·北京·

图书在版编目（CIP）数据

中国历史大通关 / 迟红叶编著. -- 北京 : 中国宇航出版社, 2025.2
ISBN 978-7-5159-2335-2

Ⅰ. ①中… Ⅱ. ①迟… Ⅲ. ①中国历史—青少年读物 Ⅳ. ①K209

中国国家版本馆CIP数据核字(2024)第010867号

策划编辑　吴媛媛　　封面设计　王晓武
责任编辑　吴媛媛　　责任校对　谭　颖

出版发行　中国宇航出版社
社　址　北京市阜成路8号　　邮　编　100830
（010）68768548
网　址　www.caphbook.com
经　销　新华书店
发行部　（010）68767386　　（010）68371900
（010）68767382　　（010）88100613（传真）
零售店　读者服务部
（010）68371105
承　印　北京中科印刷有限公司
版　次　2025年2月第1版　　2025年2月第1次印刷
规　格　880×1230　　开　本　1/32
印　张　5.25　　字　数　85千字
书　号　ISBN 978-7-5159-2335-2
定　价　49.80元

前 言

中国是世界上拥有悠久历史的国家，有将近 4000 年有文字可考的历史。

早在 170 多万年前，中华大地就有人类先民活动的痕迹。在这条奔腾不息的历史长河中，大大小小的事件浩如烟海，经天纬地的人物繁似星辰，辉映古今的思想文艺异彩纷呈……在中华大地上演绎出了一幕幕激动人心的故事，留下了许多可歌可泣的事迹。尧舜让贤、大禹治水，迎来了华夏文明的曙光。夏、商、周朝的昌盛，秦、汉、唐时期的辉煌，给祖国历史文明史刻下了生动的一笔。蓦然回首，中华民族璀璨厚重的历史，令每个中国人倍感骄傲。

五千年悠悠岁月，像一首古老的诗篇，也像一幅长长的画卷，留下了绵延不断的历史传承。五千年的沧桑巨变，五千年的兴衰成败，浩瀚历史都浓缩在一个个荡气回肠的故事中。女娲造人的美丽传说，春秋战国时的群雄争霸，唐宗宋祖的辉煌鼎盛，虎门销烟的铮铮誓言……一段段历史，记录了历代王朝的兴衰更替。悠悠历史千载事，说不完，道不尽。圣君明主的文治武功，圣人先贤的深度哲思，政治舞台的风云变幻，军事角逐的计谋韬略，所有的一切都启迪着后人去思考、去领悟。

“读史以明鉴，察古以知今。”只有了解了中华民族几千年的历史，我们才能更加珍惜现在的生活。本书为读者精选中国历史上的重要事件和人物，用生动浅显的语言展现了中华民族的历史发展轨迹。书中按照时间脉络讲述历史长河中一个又一个闪耀着光芒的精彩故事，用有趣的历史事件将各个朝代串联起来，内容紧密连接、环环相扣，使读者能在最短的时间内更加直观地了解历史，把握中国历史的脉络，感受泱泱中华几千年间的历史变迁，从而从心底油然生出中华民族的文化自信。

目录

远古时期

我们都知道，中国是一个历史悠久的国家。但要追溯中华民族的源头，却不是一件容易的事。不过，可以肯定的是，中华文明也和世界其他文明一样，由石器时代进入青铜时代，逐步进入有文字记载的历史时期。

元谋人

我国是世界上发现古人类化石和旧石器时代遗址最多的国家之一，这些古人类遗址遍布全国各地。元谋人是我国境内目前已知最早的古人类之一，距今约170万年。我国学者在云南元谋发掘出古人类的两颗门齿化石，以及一些粗糙的石器。此外还发现黑色的骨头和大量炭屑，经鉴定可能是被烧过留下的痕迹，有研究者认为，元谋人可能已学会用火。

蓝田人

蓝田人生活在距今约160万年前，其化石发现地在陕西省蓝田县陈家窝和公王岭。化石包括一具头骨、一具上下颌骨和三枚牙齿，化石特征表明蓝田猿人比北京猿人更为原始。同时发现的还有旧石器时代初期的打制石器，如刮削器、石片和石核等。

郧县人

郧县人生活在距今110万—80万年前，其头骨化石出土地为湖北省十堰市郧阳区。先后发掘出土的3具距今约100万年的“郧县人”头骨化石是迄今欧亚内陆发现的同时代最为完整的古人类头骨化石。

北京人

北京人生活在距今约 70 万—20 万年前，化石发现地在北京西南房山区周口店镇龙骨山一个石灰岩洞穴内，迄今已发现约 40 个不同性别和年龄的个体。北京猿人群居在洞穴内，以采集和狩猎为生。使用的工具是石器和骨器，但制作粗糙，用途大多没有分化，相当于旧石器时代初期的制作形式。在洞穴内还发现木炭、灰烬、烧石、烧骨等痕迹，说明北京人已经学会用火。

山顶洞人

山顶洞人生活在距今约 3 万年前，化石发现地在北京西南房山区周口店镇龙骨山山顶洞穴内。伴随着化石一起发现的还有骨器、石器和装饰品等，装饰品有石珠、穿孔砾石、兽牙等，工艺制作已相当进步。

氏族社会

旧石器时代晚期，原始人类渐渐以血缘为纽带，组成了简单的氏族社会，与以前的群居方式相比，氏族社会的成员相对固定，并开始进行相应的分工合作。当时男性主要从事狩猎和防御工作，女性则担任采集食物、烧烤食品、缝制衣服、养育老幼等繁重任务，工作内容比男性更稳定、更可靠，因此女性在氏族公社里的地位也更重要。

新石器时代

伴随着氏族社会的出现，原始人类的生活也在发生着重大的改变。人们从阴冷的洞穴中走出来，学会了用树枝、藤条在高大的树干上盖房子，并逐渐从山林来到原野建造房屋。人们不再满足于依附自然界提供的食物，而是尝试自己种植粮食、养殖牲畜，原始农业开始萌芽。此时人们对火的运用早已十分熟练，渐渐学会了烧制陶器。于是，从大约一万年前开始，人类文明迈入了一个新的纪元，称为“新石器时代”。

河姆渡人

河姆渡人生活在长江流域，距今约7000年，遗址首次发现于浙江省余姚市河姆渡村东北。这一时期生产工具有伐木用的石斧、石凿，农耕用的骨耜和狩猎用的骨镞等。陶器为黑陶，造型简单，主要是釜、钵、罐、盆、盘五种，陶器上广泛应用了绳纹和刻画动植物形象的花纹。遗址中发现大量稻谷遗迹，说明农业已成为当时主要的经济生产方式。还发现干栏式建筑遗迹，以木桩插于地下，上面用木板等构筑成屋。在遗址中发现了木结构水井，说明当时已具有相当成熟的木构技术。

仰韶文化

仰韶文化主要分布在黄河中游地区，距今约7000—5000年，遗址首次发现于河南省渑池县仰韶村。这一时期生产工具仍以磨制的石器为主，常见的有刀、斧、锛、凿等，打制石器仍占一定的数量，骨器相当精致。日用陶器以细泥红陶和夹砂红褐陶为主，细泥红陶上常绘制有彩色的几何图案或动物形花纹。经济生活以农业为主，有时也会去捕鱼打猎，并饲养猪、狗等家畜。

红山文化

红山文化出现在距今6500—5000年，遗址首次发现于内蒙古自治区赤峰市红山。这一时期生产工具有打制石器、磨制石器和细石器，陶器有细泥彩陶和带蓖纹、划纹的粗陶。遗址中出土的玉器绝大多数是以动物为造型的装饰品，比如玉龟、玉兽、玉鸟等。当时的经济活动以农业为主，也饲养猪、羊等家畜，兼事渔猎。

大汶口文化

大汶口文化主要分布于黄河下游和淮河中下游地区，距今5900—4400年，遗址首次发现于山东省泰安市宁阳县堡头村。这一时期生产工具以磨制石器为主，有很多精致的骨器、角器和牙器。陶器以灰陶和红陶最多，也有黑陶、白陶和少数彩陶。遗址中发现有氏族公共墓地，各个墓葬之间随葬的物品数量悬殊较大，且开始出现男女合葬墓，可能已经进入父系氏族社会。

良渚文化

良渚文化是出现在距今5300—4300年的新石器时代晚期文化，遗址首次发现于浙江省杭州市余杭区良渚镇。遗址中有大量造型规整、表面光亮的漆黑色陶器，常见的有壶、豆、盘、簋等，陶器圈足上常有镂孔，有的还同时装饰有匀称的纹路。除此以外，良渚遗址中还出土有许多精美的玉器。

龙山文化

龙山文化是大汶口文化的后继者，距今约 4400—3800 年。遗址首次发现于山东省济南市龙山镇。这一时期生产工具有了较大的发展，出现了石镰、蚌镰等工具。陶器普遍使用快轮制陶技术，以黑陶为主，很少有红陶和白陶。陶器上的花纹形状多样，有绳纹、篮纹、方格纹、弦纹等，还开始出现镂孔。经济生活仍以农业为主，畜牧业也比较发达。

古老传说

中国远古传说丰富多彩，涵盖多个主题，是中国古代文化的源头之一，内容丰富多样，涉及天地开辟、人类诞生、英雄事迹、自然灾害应对等诸多方面，如盘古开天辟地、女娲造人、后羿射日等，反映了当时人们对自然现象、社会生活和人类起源的理解与想象。

三皇传说

三皇为燧人氏、伏羲氏和神农氏。他们在中国古代传说中，为中华文明做出过十分巨大的贡献。

燧人氏的功绩是带领人们学会了钻木取火，从此人们不再吃生冷的食物，也不再生活在寒冷和恐惧之中。

伏羲氏创造出了八卦，成为原始文字的雏形。不仅如此，相传伏羲还发明了渔网，并教导人们捕鱼打猎，提高了人们的生产力。他还教会人们驯养野兽，将它们驯化成最初的家畜。

神农氏又称炎帝，他最大的功绩是发现五谷和药草，并教给人们种植粮食的方法，还发明了最早的农具。

黄帝王朝

黄帝是中原地区强大部落的首领，在阪泉之野（一说在今河北省涿鹿县东南）打败炎帝，炎帝归顺黄帝，两大部落结成联盟，初步形成了华夏族的雏形。黄帝和炎帝也成为中华民族的文明始祖。

后来，炎黄部落联盟与东方的蚩尤部落在涿鹿展开了一场惊世大战。涿鹿之战最终以炎黄部落的大获全胜而结束，天下一统的局面就此开始。从此之后，散落在黄河流域的中国人渐渐融合成统一的主体，由他们创造的华夏文明，在中国历史上散发出璀璨夺目的光芒。

仓颉造字

据说在黄帝统一初期，文字还没有出现，那时的人们想要记录都是结绳记事。黄帝的史官仓颉有感于结绳记事的不便，希望改变这种状况，便四处观察，从天上日月星辰的分布到地上山川河流的模样，从飞禽走兽的足迹到花草树木的姿态，他都仔细研究。经过一段时间的整理和记录，仓颉终于创造出各种各样的符号，并给它们赋予了各自代表的含义。他将这些符号命名为“字”，并把这些字展示给黄帝看。黄帝见了大为赞赏，命令他到各个部落去，为人们传授这种方法，字的用法很快就推广普及了。从那以后，华夏文明终于有了统一的文字，而仓颉也被人们称为“汉字始祖”。

五帝传承

从黄帝时期开始，历史进入五帝时期。首领之位在黄帝的后人之间传承，其中颛顼、帝喾、尧、舜对华夏文明的影响极大，因此人们将这四位帝王和黄帝一起统称为“五帝”。在这段时间里，首领之位一直采用禅让制的方式传承。

颛顼是黄帝的孙子，在位时励精图治，做出了很多成绩。他制定婚姻制度，改革历法，将全国划分为九州，此后，“九州”之称就一直延续了下来。颛顼去世前将首领之位禅让给了堂侄喾，史称帝喾。帝喾在位时严以律己，处事公正，他划分四时节令，指导人们按照时节进行耕作生产，极大地提高了农业生产能力。

帝喾死后，尧即位。他完善历法，使得每年农时更加准确，这些措施使我国的农耕文明又向前迈出了一大步。尧善于听取百姓意见，对民众的管理非常切合实际，百姓的生活也越来越好，出现了国泰民安、政通人和的盛世景象。帝尧渐渐老去，通过多次考察，便将首领之位禅让给舜。舜将政事处理得井井有条，他任用贤能的“八恺”“八元”治理国家，还将为祸一方的“四凶”流放到了蛮荒之地。他推行仁政，广开言路，经常到四方巡视，了解民情民意。在舜的治理下，华夏大地到处都是一派祥和的气氛。

大禹治水

部落联盟晚期，中华大地出现了一场大洪水。帝尧在位的时期，召鲧来治水。鲧采取拦河筑坝的方式，截断了洪水的主要源头，洪水灾害还是时有发生。帝舜即位后，认为鲧治水无功，将他处死了，任命了鲧的儿子禹继承父职，继续治水。

禹受命后总结鲧治水失败的原因，最后发现只有疏导才是治理洪水的唯一方法。于是，他从黄河上游积石成山的地方开始治理，一路疏通，把下游河道分成几条，让泛滥的河水最终汇入大海，洪水终于被禹制服了，四方流亡的百姓也得以安定下来。因为他对百姓的巨大功绩，所以被后世尊称为“大禹”。

夏朝

禹在位时，中华文明已进入了青铜时代。人们在烧制陶器时，发现了铜矿石的冶炼方法，并逐渐学会了铸造青铜器。开始时是做饭用的炊具等生活用品，到大禹时期已经能制作各种祭祀用的礼器。这一时期，王权更加集中，阶级分化开始明显，原始社会的公有制也被私有制取代。禹死后，他的儿子启继承王位，以世袭制代替了禅让制，父死子继的家天下制度正式开始，夏也由一个部落之称变成了国名。夏朝是我国历史上第一个奴隶制王朝，所开创的王位世袭制为以后历代王朝承袭。

夏启夺位

经过鲧和禹两代人的努力，夏氏族已经成为一支强大的势力，为夏王朝的建立奠定了基础。约公元前2070年，禹建立起我国历史上第一个奴隶制王朝——夏朝。大禹死后，许多人认为大禹的儿子启也很贤能。他们感念大禹的功绩，不愿意让伯益接替禹的位置，纷纷拥戴启为天子。就这样，启在夏氏族众人的拥护下发动了对伯益的进攻。双方经过激烈的斗争，最终启击退了伯益的人马，并杀死了伯益，夺取了王权。

启即位后，立刻召集各部落首领在钧台（今河南省禹州市）举行盟会，宣布自己担任领袖职位，定都阳翟，改传统禅让制为世袭制，开创了“家天下”的局面，这一举动影响十分深远，标志着早期国家的正式形成，从此，中国历史由原始社会正式迈入阶级社会。

太康失国

夏启死后，王位传到他的长子太康手里。太康整天沉迷于玩乐之中，经常带着亲信、家眷出去打猎，游山玩水，对朝政大事不管不顾，甚至能外出接连数月都不理朝政。即使回到宫中，他也沉浸在美色酒肉之中，常常喝得酩酊大醉，不省人事。

太康的荒唐行为激起了人民的强烈不满，一些觊觎权位已久的诸侯也开始蠢蠢欲动。此时，黄河下游东夷族有个部落，名为有穷氏。他们的部落首领叫羿，以善于射箭而著称。他一心想推翻太康的统治，夺取王位。于是，在太康又一次带着人马去洛水边游猎时，羿认为这是个好机会，亲自带兵守在洛水北岸，拦住了太康的归路。

羿很快就夺取了朝中的权位。太康回不了都城，只得在洛水南岸一带流亡，度过了余生。史书上将这一事件称为“太康失国”。羿废黜了太康，掌握了夏王朝的政权，立太康的弟弟仲康为王，但实权仍掌握在羿的手中。仲康死后，仲康的儿子相即位，羿把相赶走，自己即位称王。

寒浞篡权

相被羿驱逐后，去投奔夏氏族的斟灌氏和斟鄩氏部落，在他们的保护下慢慢休养生息。而羿得到了王位，也渐渐步上了太康的后尘。他纵情于田猎游戏，把国事都交给亲信寒浞打理。寒浞利用各种手段陆续除掉了朝中反对他的大臣，几乎到了一手遮天的地步。后来，他觉得时机终于成熟了，于是在羿游猎归来时杀死了羿，篡夺了王位。不仅如此，寒浞知道自己的王位并没有坐稳，夏氏族始终是他的心腹大患。因此，他一心想要杀死被羿赶走的相。

寒浞的担心不是没有道理的。相在斟灌氏和斟鄩氏两个诸侯的协助下，尽量扩充实力，准备消灭寒浞，夺回失去的政权。寒浞并没有掉以轻心，而是更加注重军事力量的训练，时刻准备发动灭夏的战争。他把两个儿子也培养成骁勇善战的大将，正式发动了攻打相的战争。这场战争断断续续打了八年，寒浞先是攻灭了斟灌氏，又打败了斟鄩氏，最后杀了夏王相，将夏朝的所有统治区域都抢夺过来。

少康中兴

寒浞杀夏王相时，自以为已经把相的子孙赶尽杀绝，可他没想到相怀孕的妃子后缗偷偷逃了出去，生下了遗腹子少康。少康从小在艰难的环境下长大，练就一身本领，立志要夺回天下。少康逃到一个名为有虞氏的部落里，有虞氏首领虞思欣赏少康的才干，热心地收留了他，任命他为负责饮食的官，除此之外，虞思还把纶邑（河南省商丘市虞城县利民镇）附近方圆十里的肥沃土地和五百个兵士赐给了少康。少康有了自己的土地和军队，开始在纶邑积蓄力量，积极为复国做准备。他体察百姓疾苦，宣传祖先大禹的功德，努力争取民众的支持，并暗中试着和夏氏族的旧臣取得联系。

少康先派大臣女艾到寒浇（寒浞之子）那里做间谍，打探情报，并寻找机会杀死了寒浇，攻灭了寒浇的封地过邑（今山东省莱州市西北）。少康乘胜追击，派自己的儿子杼杀死了寒浞的小儿子。之后，少康发起了对寒浞的总攻，并一举打败寒浞，夺回了王位，重新建立夏朝的统治。少康即位后，将国都重新定为纶邑。他吸取了太康、羿和寒浞的教训，摒弃王宫陋习，勤于政事，体察民情，大力发展农耕。在他的治理下，天下安定，文化繁盛，夏朝再度恢复以往的兴盛，史书上因此将这段时期称为“少康中兴”。

孔甲乱夏

帝杼之后，夏朝历经槐、芒、泄、不降几位君王的努力，进入平稳发展的阶段。帝不降延续先王制定的基本国策，对内努力发展社会经济，加强社会管理，改善人们的生活；对外与周边的部落保持友好往来。此后数十年，夏朝国泰民安，百姓生活富足，整个王朝都处于和谐稳定的状态。

帝不降有十几个儿子，但他将王位传给弟弟扃，并尽力帮扃稳住王位。扃也不负所望，将国家治理得井井有条。扃死后立自己的小儿子廑为太子，廑在位期间，天空中出现了幻日的景象，出现了好几个太阳。这本是一种正常的自然现象，但古人不了解光学原理，看到都十分恐慌，纷纷认为这是妖孽将要出世的征兆。就在那一年，廑去世了，孔甲继承了王位。

孔甲是先王不降的儿子，他认为幻日景象是上天要赐给他王位的征兆。所以他在位期间十分迷信鬼神，不惜耗费大量钱财祭祀鬼神，对朝政疏于管理。在他的治理下，夏朝的国势渐渐走向衰落。史书中将孔甲作为夏朝由盛而衰的一个转折点，称为“孔甲乱夏”。

暴君夏桀

孔甲死后，王位传给了儿子皋。皋努力发展民生，下令削减赋税，让百姓休养生息。在他的治理下，逐渐衰落的夏朝又重现了一丝生机。皋的儿子发也是一位明君，他的才能虽然比不上皋，但他很善于重用贤臣。在皋和发的努力下，夏朝又恢复了一些当初的气势。然而好景不长，发去世后，王位传到了他的儿子癸手中。癸就是历史上大名鼎鼎的暴君——夏桀。

夏桀是一个荒淫无道的君主。一次，夏军攻打一个叫有施氏的部落，有施氏无力抵挡，只好向夏朝献上大量的财物、美女，其中就包括他们族中的美女——妺喜。妺喜长得花容月貌、倾国倾城，夏桀沉迷于妺喜的美貌，为其建造高大精美的宫殿，称为“倾宫”，并在宫殿里修建了巨大的酒池。他找来数千名善于饮酒的人，一起在酒池里饮酒作乐，日日笙歌。妺喜爱听绢帛被撕裂的声音，他就命人搬来成堆的绢帛，在妺喜面前一匹一匹地撕开给她听。夏桀的荒唐行为引起了朝中大臣的担忧，老臣关龙逄前去劝谏，希望夏桀能远离小人，勤政爱民。可是夏桀不但不听，反而处死了关龙逄。后来还有劝谏夏桀的大臣，也都被他处死或赶走了。时日一长，朝中再也没有人敢直面进言，夏朝的朝政也更加腐败。就这样，夏朝在桀的倒行逆施下越来越衰败，百姓生活得苦不堪言。各地诸侯也纷纷叛变，维持四百年的夏朝终于走向了灭亡。

商朝

就在夏桀每日陪着妹喜在倾宫尽情享乐的时候，黄河下游的商族逐渐强大起来。传说商的先祖契是帝喾的儿子。帝舜时期，契曾辅助大禹治水有功，受封于商邑（今河南省商丘市一带），商族从此开始兴起。夏桀时期，商族的首领是契的第十四代孙商汤。昏庸的夏桀在宫中花天酒地、日日笙歌时，商汤勤于政务、努力经营，逐步扩大自己的势力。后来，商汤终于在鸣条之战一举打败了夏桀，建立了商朝。

商汤伐夏

商汤原是夏朝方国商国的君主，他广施仁政，待人宽厚，仁义之名传遍了四方。随着商的国势日渐强大，商汤觉得是时候将讨伐夏朝的事提上日程了。但那时的夏朝地域辽阔，商国和夏朝相比，实在是太小了。商汤不敢轻举妄动，只能一步步瓦解夏朝的势力。

经过近二十年的准备，商汤终于让自己具备了和夏桀抗衡的实力。然而直到这时，夏桀还不知道自己的末日就要来临。他不听忠臣的劝谏，还说自己就是太阳，又怎么会灭亡呢？这话传到百姓的耳中，百姓都赌咒发誓说："你这个太阳什么时候灭亡，我们宁愿跟你同归于尽！"可夏桀仍然我行我素，听不进去任何人的劝告。约公元前 1600 年，商汤召集军队，举行隆重的誓师大会，正式起兵伐夏。

夏桀紧急调集军队，开出王都迎战，后退守鸣条，两军在鸣条之野展开了一场大会战。士气高涨的商军将人心涣散的夏朝军队击败，夏桀被商汤囚禁在南巢的亭山上，不久，夏桀就病死了。鸣条之战以商汤的全面胜利而告终。商汤率军返回亳邑，召集各路诸侯举行大典，正式建立商朝。

太甲被逐

商朝建立后，王位传至太甲，老臣伊尹辅政。太甲少不更事，任性贪玩，还沉迷于奢华的生活之中，肆意剥夺百姓，搞得朝政衰败昏暗，民心散乱。伊尹对太甲百般规劝，希望太甲能悔过自新。但太甲完全听不进去，仍然我行我素。伊尹见太甲屡教不改，就把太甲放逐到商汤的坟墓所在地——桐宫去，让他在祖父的灵前去反思。伊尹又担心放逐太甲后朝中无主，会让各诸侯生出逆反之心，就亲自执政，管理起国家大事来。

太甲被放逐到桐宫，开始反思自己的所作所为，他心里觉得万分羞愧，决心改正错误。三年后，桐宫一带的百姓都夸赞太甲的仁义。在朝中处理政事的伊尹也时刻观察着太甲的改变，他见太甲真心悔过，心里十分高兴，于是亲自带领朝臣到桐宫，把太甲接了回来。一到王宫，伊尹就正式将朝政大权交还给太甲。重新当政的太甲吸取以前的教训，勤修德政，任用贤臣，遵循商汤制定的法规，兢兢业业地治理天下，终于成为一代有作为的君主。商王朝在太甲的治理下，也摆脱了动荡的局面，重新焕发出新的生机。

太戊修德

太甲之后，商朝经历沃丁、太庚、小甲几代，国势一直较为稳定。但王位传到小甲的弟弟雍己手中时，由于雍己昏庸无能，在位时荒废朝政，商朝国势逐渐衰落。到雍己统治后期，各诸侯国的势力日渐强大，许多诸侯都不把商朝放在眼里，甚至不来朝进贡。雍己死后，他的弟弟太戊继位。太戊是一个很有作为的君王，他任用伊尹的儿子伊陟为相，任命贤臣巫咸辅佐朝政，使得衰落的商朝再度兴盛起来。伊陟继承了父亲伊尹的才能，尽心尽力辅佐太戊，他们之间还有一个有趣的小故事。

据说太戊在位时，有一年商朝都城亳邑（今河南省商丘古城东南）的朝堂上忽然长出了一棵怪异的树，是桑树和楮树互相缠绕在一起的样子，一夜之间就长得有两手合抱那么粗。太戊心里害怕，就去问伊陟是怎么回事。伊陟说："我听说，就算是妖魔鬼怪也不能战胜德行高尚的人。或许是大王在治理朝政上有什么过失，才会出现这种奇怪现象吧！只要大王能重视修德，以德行治理国家，怪事自然就会消失了。"太戊听了伊陟的话，从此更加注重勤政修德，没过多长时间,怪树果然自行枯萎了。在太戊和贤臣的治理下,整个国家秩序井然，人民安居乐业，原本离散的四方诸侯又纷纷归顺，商朝呈现出复兴的局面。后人因此也将太戊尊称为“中宗”，即“中兴之主”的意思。

九世之乱

自商汤建立商朝以来，国都一直在亳邑。到太戊的儿子仲丁即位时，仲丁将国都迁往嚣邑（今河南省荥阳市东北）。这是商朝建立以来第一次迁都，它无疑使商王朝的统治能力有所下降。迁都之后，东南方的蓝夷部族进攻商朝，虽然最终被仲丁击退，但延续百年的“九世之乱”也从此拉开了序幕。

仲丁死后，外壬继位，商朝的两个诸侯国发动了叛变，而外壬在另一个诸侯国——大彭国的帮助下，平定了这场叛乱。到河亶甲即位时，商朝内忧外患、矛盾重重，河亶甲在位期间多次发动对外战争，致使国力再度衰落。曾将国都从嚣邑迁往相地（今河南省安阳市）。河亶甲死后，他的儿子祖乙即位，祖乙先将国都由相地迁往耿（今山西省河津市），又从耿迁到了邢地（今河北省邢台市）。一年后邢地又发生了水患，祖乙只好再次迁都于庇地（今山东省菏泽市郓城县）。这期间，商朝国力有所恢复。祖乙的儿子祖辛继位后，商朝仍处于九世之乱期间，内乱使商朝进一步衰落。

之后，王位依次传到祖辛的弟弟沃甲、祖辛的儿子祖丁、沃甲的儿子南庚手里，商朝的国势一步步衰落。为了缓和日渐衰败的国势，南庚发起了商朝第五次迁都，将国都从庇地迁往奄地（今山东省济宁市曲阜市）。但南庚的举动并没有扭转商朝的颓败之势。到祖丁的儿子阳甲继位时，商朝的动乱局势已无法控制。

盘庚迁殷

经历了“九世之乱”，商朝的国势日渐衰落，一直到盘庚即位时才有所改变。盘庚颇有才干，面对日渐衰微的商王朝，决定再次迁都到殷地（今河南省安阳市）。这里是中原地区的偏北部，西边有太行山脉作为屏障，东边有黄河天险，南边和北边则是起伏的丘陵地带和广阔的平原，四周地势平坦，又有洹水横贯其间，气候适宜、资源丰富，是人民安居乐业的理想之地。

当盘庚把迁都的计划公布出来，几乎遭到了全国上下的反对。王室贵族过惯了安逸的生活，到了新都城一切都要重新再来，他们当然不愿意。当时商朝已经经历了五次迁都，百姓们居无定所，苦不堪言，因此也很反对迁都。面对强大的反对势力，盘庚并没有动摇迁都的决心。盘庚迁都后立即颁布了一系列压制贵族、宽待民众的法令，以强硬的态度制止了贵族想迁回旧都的企图，终于使局面安定下来。

盘庚迁殷使商朝摆脱了困难的处境，稳定了中央的统治，为以后的中兴奠定了基础。他在位期间商朝的政治稳定，社会经济和文化也得到了一定的发展。在此后相当长的一段时期里，商朝的都城都设在殷地，再也没有出现过频繁迁都的情况，所以后来人们又把商朝称为“殷商”。

武丁中兴

盘庚死后，他的两个弟弟小辛、小乙先后继位。小乙去世后，他的儿子武丁继位。武丁即位后大力改革，实行一系列政治措施，缓解了王室之间的矛盾，使殷商出现政治开明、国泰民安、百废俱兴的局面。

在国内恢复生机的同时，武丁积极与周边诸侯国修复关系，并严惩那些敢于进犯的小国。这些措施让商朝的国势再次强大起来。

武丁在位五十九年，他在位期间励精图治、南北征战，使商朝的政治、经济、军事和文化都得到了空前发展。到了武丁末年，商王朝已经成为一个西抵周境、东至海滨、南逾江汉、北及大漠的泱泱大国，史书上因此将这段时期称为“武丁中兴”。武丁开创的盛世一直维持到他的儿子祖庚和祖甲时期，祖庚在位十年，祖甲在位三十三年，商王朝持续强盛，民众安居乐业。这百年间是商朝最强盛的时期，文治武功都达到了巅峰，堪称华夏民族有文字记载以来的第一个大盛世。

纣王暴政

帝辛是商朝最后一任国君，也是历史上大名鼎鼎的暴君，史称商纣王。纣王天资聪颖，孔武有力，能赤手空拳和猛兽搏斗。他不满东夷部族的侵扰，率领大军向东夷部族发起进攻，最终取得了胜利。可是长年的征战消耗了商朝的实力，这次胜利不仅没能巩固商朝的统治，反而引起了更多动荡。

刚愎自用的纣王没有把这些小叛乱放在眼里，他认为天下已经安定，便开始饮酒作乐。他对妃子妲己言听计从，为了讨妲己欢心不惜花费大量人力物力建筑鹿台，并派人到处搜寻奇珍异宝，置于鹿台之上。他还进一步扩大了园林楼台，畜养大量野兽飞鸟，以酒为池，挂肉成林，通宵达旦地饮酒作乐。纣王的倒行逆施引起了很多诸侯的不满，朝中一些正直的大臣对纣王的做法忧心忡忡，于是不顾自身安危前去劝谏，可是都被纣王或处死或驱逐，渐渐纣王身边只剩下阿谀奉承、贪图名利的小人。纣王则变本加厉，沉浸在声色享乐之中。一时间朝政黑暗、奸臣当道，再加上严刑峻法，昏庸残暴的商纣王终于带着商朝走向了绝路。

西周

相传周族的祖先是帝喾的儿子弃，是专门管理天下农事的稷官，因此也称“后稷”。武乙时期，周族首领古公亶父带领族人迁居到陕西岐山下的周原地区，并在这里建立起周国。之后，眼看周国日渐强盛，文丁竟找了个借口杀了古公亶父的儿子季历。季历的儿子姬昌继位后，开始积蓄势力，遍访贤才，为讨伐商朝做准备。后来，姬昌的儿子姬发继承了父亲的遗志，推翻了纣王的统治，建立起中国历史上第三个奴隶制王朝——周朝。

武王伐纣

姬昌去世后，他的儿子姬发继位。他沿用姜子牙为国相，同时又任命弟弟周公、召公、毕公等人为臣，积极为灭商做准备工作。而此时，商纣王却愈发昏庸残暴，他杀了王叔比干，囚禁箕子，朝中大臣都敢怒而不敢言。他的哥哥微子多次劝谏无效，知道商朝已经无可救药，就带着一些大臣逃走了。这些消息传到姬发耳中，他觉得攻打商朝的时机终于成熟了。

公元前 1046 年，姬发亲自统率几万大军，联合各路诸侯向东进发，拉开了伐商的序幕。临战之前，姬发在商朝都城南方的牧野举行了一次誓师大会。誓师完毕，周国和各诸侯国将士士气大振，联军在牧野摆开阵列，正式向商朝都城朝歌进发。

纣王见此情景，连忙派兵前去抵御，双方在牧野展开了一场大战。联军将士个个视死如归，可商朝的军队却都是些临时拉来的奴隶和俘虏，虽然人多，但都无心应战。面对联军的强大攻势，纣王的军队丢盔弃甲、溃不成军，对纣王不满的奴隶纷纷倒戈，诸侯联军势如破竹，大败商军。纣王见大势已去、无力回天，只好退入朝歌城中，带着大量珠宝登上鹿台，自焚而死。

至此，延续六百多年的商朝正式灭亡。姬发成功推翻了纣王的统治，建立周朝，定都镐京（今陕西省西安市）。他追封父亲姬昌为文王，后人则将姬发称为武王。

周公辅政

周公是周武王姬发的弟弟，名字叫旦，也称“周公旦”。武王在伐纣三年后便去世，他的儿子姬诵继承了王位，史称周成王。但成王那时还是个幼童，周朝又天下新定、人心不稳，周公害怕各地诸侯听闻武王逝世的消息会产生背叛之心，于是就亲自摄政主持国家大事，维持周朝的稳定。

周公的摄政引起了武王其他兄弟的不满，他的弟弟管叔、蔡叔和霍叔联合纣王的儿子武庚一起发动了叛乱。他们的职责本来是监管武庚，可如今却和武庚联合起来一起造反，对周王朝的统治造成了极大的威胁。面对这场突如其来的动乱，周公亲自率领大军东征，很快便击败了作乱的叛军，诛杀了武庚和管叔，流放了蔡叔，把霍叔贬为平民。

周公平定了“三监之乱”，没有停下东征的脚步。

他继续领兵向东进发，将周朝的势力扩展到了沿海地区。武王伐纣只是击败了商朝的核心力量，并没有完全剿灭商朝所属力量，直到此次周公东征，才完全清除了商朝的所有力量。而后为了维护周王朝的长治久安，他又完善了宗法制、分封制和礼乐制度，为周朝长达八百年的统治打下了坚实的基础。周公对周王朝的建立和巩固起了非常关键的作用，所以人们用“周公吐哺，天下归心”来形容他辅佐成王的功绩。

成康之治

周公东征结束后，为了加强对东部地区的控制，与成王商议将国都迁到洛邑（今河南省洛阳市）。于是在周成王继位的第五年，周公开始大规模营建新的都城洛邑，召公负责具体的建设事宜。周公执政第七年，成王已经可以明晰事理，处理国家政务，于是他决定将政权彻底交还给成王。周公死后，成王对内继续推行周公定下的治国以德、慎用刑罚的政策，缓和阶级矛盾；对外加紧对淮夷的攻伐，用武力保障了东部地区的稳定。

成王死后，他的儿子姬钊继位，史称周康王。康王听从召公的教导，节俭寡欲，勤政爱民，使得周朝日益强盛。在位期间，康王一直履行治国安邦的理念，继续推行成王在位时所实行的国策，让周朝的经济得到很大的发展。周朝在成王和康王统治期间国力强盛、社会繁荣，百姓安居乐业，到处呈现一派盛世景象，这一时期也是周朝历史上最为强盛的时期，后世将这段时期称为“成周之治”。

昭王之死

姬瑕是康王的长子，康王去世后继承王位，史称周昭王。

从西周建国开始，东夷部落对周王朝就时叛时降，摇摆不定。到了昭王在位时，以荆楚为首的东夷部落联合起来进行反叛，昭王于是亲率大军远征东夷。各夷国见寡众悬殊，纷纷归顺。

周昭王十六年和十九年，昭王两次南征（一说三次）。第一次南征行动计划周密，大军很快渡过汉水，占领了荆楚的主要地区，大获财宝，为此昭王特意铸造青铜礼器以铭文表扬自己的功绩。第二次南征又打了胜仗，昭王得到了大量青铜，班师回程，渡汉水时，因携带俘获的大量战利品青铜，浮桥承受不住，突然垮塌，江上波涛汹涌，周朝大军几乎全军覆灭。昭王也在这次战役中不慎失足跌落江中，气绝身亡。

昭王死后，周朝大臣觉得君王这样的死法很不体面，于是没有向各地诸侯发丧，而是草草埋葬了他，并对昭王的死因讳莫如深。之后，周王朝宗室拥立昭王的长子姬满继位，史称周穆王。

穆王西征

周穆王，西周第五位君主，姓姬，名满，是周昭王之子，在位时间约为公元前 976 年—前 922 年。周穆王是中国古代历史上富有传奇色彩的帝王之一，在位期间，致力于向四方发展，对周王朝的疆域拓展和影响力提升起到了重要作用。

公元前 964 年，犬戎部族没有朝贡，穆王以此为由亲率大军出征。此次出征虽然取得了胜利，但战果很少。而且由于穆王对边远部族采取高压政策，导致边远部族不再去朝见周王。这更加激起了周穆王的怒意，于是他整饬大军，再次出征讨伐犬戎。此次出征周军大获全胜，却也加剧了与犬戎的对立。

平定了犬戎，穆王继续向西进军，开疆拓土。位于周王朝东南的徐国趁穆王常年西征不在朝中，率领附近诸侯发动叛乱，攻打周朝都城。穆王带兵赶回国都，平定了徐国的叛乱。之后，穆王转为征讨东南，剿灭了不服周王朝统治的部族，并一举击败了南方的荆楚。

周穆王在位共五十多年，是周朝在位时间最长的君王。他极大地扩张了周朝的疆域，巩固了周王朝的统治。但也是由于他常年在外征战，不理朝政，导致朝堂纲纪败坏，周朝由此开始走下坡路。

国人暴动

昭王好大喜功、穆王多次西征，导致周王室开始衰落。再经过周恭王、周懿王、周孝王、周夷王这几代，王位传至周厉王时，整个国家已是千疮百孔。厉王是个贪财爱利的暴君，他十分信任一个叫荣夷公的诸侯。荣夷公教唆厉王对一些重要的物产实行“专利”，霸占了一切湖泊、河流，由天子来直接控制。他们把住在野外的农夫称为“野人”，住在都城里的平民和奴隶叫作“国人”，不允许这些人利用资源来生存，周都的国人怨声载道。厉王得知后十分生气，下令说谁再敢议论君王，就直接处死。

国人忍受不了这种高压政策，于公元前 841 年爆发了一场空前的大规模暴动。厉王慌忙逃出镐京，渡过黄河，逃到周朝的边境彘地（今山西省临汾市霍州市）。召穆公和周定公商量后，决定由他们二人共同管理朝政，暂代周天子行使职权，史称“共和行政”。从共和元年，也就是公元前 841 年起，中国的历史有了确切的可以考查的纪年。共和行政维持了十四年，到公元前 828 年，周厉王凄凉地在彘地死去，太子姬静即位，史称周宣王。

宣王中兴

周宣王亲身经历过“国人暴动”，汲取了厉王败亡的教训，努力革除弊政，励精图治，推行了一些明智的政策，使周王朝严峻的形势有了一定的改观。他曾发布命令对臣下提出多项整顿政纪的规定：诸如要求广开言路，不得阻塞下情；征收税收严格守法，不许贪污中饱私囊、欺诈百姓，不许沉湎于酒色等。这些举措一改厉王时贪残暴虐、吏治败坏的局面，对政治的清明、人民境遇的改善起到了一定的作用。

在经济上，宣王宣布取消了厉王时期的专利政策，放宽了对山林川泽的控制，此外，他还宣布废除籍田典礼。这样不仅增加了财政收入，还缓和了厉王时形成的紧张的阶级关系。宣王凭借暂时得到恢复的国力，在“内修政事”的同时，开始了他“外攘夷狄”的征战计划。宣王即位第二年，开始对南方的荆蛮和东南的淮夷发动战争。历经十六年苦战，终于将这些部落征服。宣王还派人征战江汉地区诸国和西戎，最后都取得了胜利。宣王改革的种种举措，使得周王室衰落的威严得到了一定程度的恢复。此后，诸侯们又开始重新朝贡，周朝的国势开始复苏，史书上将这段时期称为“宣王中兴”。

烽火戏诸侯

西周最后一位君主是幽王，名为姬宫湦，是宣王的儿子。他没有继承宣王振兴周朝的精神，反而贪财好色，沉迷享乐，不理朝政。他除了剥削人民外，还四处发动战争，掠夺财富。幽王有一位宠妃，名为褒姒，褒姒虽美，却天生不爱笑，周幽王为了博她一笑，命人把烽火点燃。诸侯们以为犬戎攻打周朝，于是匆匆带领兵马向骊山飞奔而来。幽王和褒姒站在骊山之巅，告诉他们什么事也没有，让他们原路返回。褒姒见救国的烽火被如此儿戏，不禁嫣然一笑。众诸侯受了周幽王的戏弄，对他恨之入骨，却也无奈，只好带领兵马原路返回。此后，幽王又多次点燃烽火台，来逗笑褒姒，史称“烽火戏诸侯”。

又过了几年，褒姒为幽王生下一子。为了讨好褒姒，幽王废黜了王后申后和太子姬宜白，立褒姒为后，她的儿子为太子。这次废长立幼的事件引起了朝中大臣们的不满，也激起了申后父亲申侯的怨恨。申侯联合犬戎进攻周朝的都城镐京。幽王听到犬戎进攻的消息，下令把骊山上的烽火点燃，向众诸侯求救。可是诸侯们因为屡次上当，早已不把烽火当回事了，纵然烽火日夜燃烧，却没有一个诸侯前来营救。犬戎兵一路毫无阻拦，顺利攻到了镐京。镐京被攻破后，褒姒被犬戎掳走，幽王也被杀死在骊山下。至此，绵延数百年的西周走向了灭亡。

春秋战国

周幽王一死，申侯就联合几个重要的诸侯国，把他的外孙姬宜臼扶上了王位，史称周平王。平王登基后，把都城迁到了洛邑。由于洛邑在镐京之东，因此，历史上将周王朝迁都前称为“西周”，其后称为“东周”。东周又分为春秋和战国两个阶段，其中春秋以鲁国编年史《春秋》而得名，从公元前770年周平王登基开始，延续二百多年。从此，旧有的秩序结束了，历史进入诸侯争霸的混乱时代。

平王东迁

公元前770年，因镐京及王畿遭到了战争破坏，周平王在晋国、郑国、秦国和其他诸侯国的帮助下，将都城迁往洛邑。平王东迁是东周开始的标志，从此以后，周朝的控制范围日渐缩小，最后沦落到仅剩下洛邑附近的地盘。与此同时，周天子也逐渐丧失了控制诸侯的权力和直接掌控的军事力量。不过，周天子仍保有“天下共主”的名号，但实质权力已经荡然无存，徒具形式意义。

周郑交质

郑国的开国君主郑桓公是周宣王姬静的弟弟姬友，曾被封于郑地（今陕西省渭南市华州区东），建立郑国。周幽王时，郑桓公见西周将要灭亡，便将部族迁移到东虢国和郐国之间。郑武公即位后，先后攻灭郐国和东虢国，都城在河南新郑。因护送周平王东迁有功，郑武公成为周王室倚重的大臣。郑武公死后，他的儿子郑庄公继位，继续担任周朝卿士。眼看郑国的实力日渐强大，周平王心怀芥蒂，想撤掉郑庄公在周王室的职务，此举引起了郑庄公的不满。为了缓和矛盾，周平王和郑庄公相互交换人质，将周平王的儿子狐送到郑国，将郑庄公的儿子忽送到洛邑。交换人质后，郑庄公得以继续担任周王朝的卿士。

繻葛之战

公元前720年，周平王去世。在郑国当人质的王子狐返回洛邑，准备继承王位。由于忧伤过度，他刚回去就病死了。于是周平王的孙子姬林继承了王位，史称周桓王。公元前715年，周桓王任命虢公忌父为左卿士，三年后又强迫与郑国交换土地，矛盾进一步激化。公元前707年，周桓王干脆免去了郑庄公的卿士职权，郑庄公因此不满，不再朝觐王室。这一年秋天，周桓王率领王师和蔡国、卫国、陈国的军队一起攻打郑国，双方在繻葛（今河南省长葛市北）展开一场大战。结果王师大败，周桓王也被射中了肩膀。繻葛之战以后，周天子的威严受到了严重的损害。

王子克之乱

王子克是周桓王的次子，深受桓王喜爱。周桓王生前有意将王位传给他，却不愿打破周朝的嫡长子继承制。因此，他在临死前叮嘱大臣周公黑肩，希望能先传位给长子佗，待长子死后由次子克继位。公元前697年，周桓王去世，姬佗继承王位，史称周庄王。但由于周桓王临死前的嘱托，王子克和周公黑肩一直在暗中积蓄力量，想要争夺王位。公元前693年，周公黑肩觉得时机成熟，想要一举杀掉周庄王，立王子克为王。但他们的阴谋被周庄王提前得知，周庄王先发制人，镇压了这次叛乱。但这场内乱也让周王室的中央集权更加软弱无力了。

齐桓公称霸

齐国是周天子分封的诸侯国，开国君主是辅佐武王伐纣的姜尚。公元前698年，齐僖公去世，太子诸儿继位，史称齐襄公。齐僖公侄儿公孙无知发动叛乱，杀死齐襄公，自立为君。但第二年，他也同样被杀。此时，齐国出现了国内无君的局面。

齐僖公二子公子纠、三子公子小白避祸在外，听闻公孙无知的死讯，分别从鲁国和莒国出发赶往齐国，抢夺王位。公子纠为阻拦公子小白，派管仲带兵拦截。管仲见到公子小白，举箭射中了公子小白的衣带钩，公子小白将计就计，倒地假死。趁着管仲回去报信，公子小白星夜兼程赶往齐国，成为国君。他就是历史上大名鼎鼎的齐桓公。齐桓公即位后，立刻杀死公子纠，管仲也被囚禁起来。公子小白的幕僚鲍叔牙对齐桓公说："如果想让齐国称霸天下，一定要任用管仲为相国。"

齐桓公听从鲍叔牙的建议，任命管仲为相国，在齐国展开一系列改革。规定士、农、工、商四民分开居住，改革行政区划，确立人才选拔制度，推行兵役制度，发展盐铁业，管理货币，调整物价，使齐国国力大增。而且齐桓公听从管仲的建议，提出"尊王攘夷"的口号，派使臣向周釐王朝贺。周釐王十分高兴，承认了齐桓公的霸主地位。齐桓公多次大会诸侯，订立盟约，成为"春秋五霸"之首。

子颓之乱

公元前677年，周釐王去世，他的儿子姬阆继位，史称周惠王。周惠王强抢大臣边伯等的园林作为田猎场所，引起了大臣的不满。于是，边伯等人联合王子颓发动叛乱。叛军一开始没有成功，王子颓逃到卫国，得到了卫国的支持。之后，卫国和南燕联合攻打周朝，将周惠王赶走，立王子颓为王。

此时的郑国在郑庄公死后，经历了四公子之乱，国君之位回到郑庄公次子突，也就是郑厉公手中。郑厉公想要调停周王室的矛盾，却没有效果，于是将流亡在外的周惠王带回郑国。公元前673年，郑国和虢国联军攻入周王城，杀死王子颓和边伯等人，拥立周惠王重新登上王位。为了感谢这次援助，周惠王将虎牢（今河南省荥阳市西北）的大片土地赐给郑国，周王朝的统治区域进一步缩小。

葵丘会盟

周惠王宠爱惠后生的儿子王子带，有心让他继承王位，这让太子姬郑产生了危机感。当时齐桓公的势力强大，为了保全太子的地位，公元前655年，齐桓公联合鲁、宋、陈、卫、郑、许、曹等国诸侯在卫国的首止（今河南省商丘市睢县东南）相会，宣布支持太子姬郑为嗣君。周惠王很生气，拉拢郑国背弃盟约，又试图联络晋国和楚国，想要对抗齐国。结果齐国派兵攻打郑国，瓦解了周惠王的计划。

公元前652年，周惠王去世，王子姬郑继位，史称周襄王。公元前651年，齐桓公再次召集各国诸侯在宋国的葵丘（一说今河南省开封市兰考县东北）举行会盟。周襄王十分感谢齐桓公的支持，在会盟中，他将周天子祭祀祖先的祭肉分赐给齐桓公，还声明齐桓公不用行谢恩的下拜礼，以示对齐桓公霸主地位的承认。葵丘会盟使得齐桓公的声望达到了顶峰。

楚成王争霸

楚国位于南方，西周时立国，常与西周发生战争，被周人称为“荆蛮”。春秋时，楚国兼并周围的小国，实力逐渐强大。公元前672年，楚成王即位。他布施仁德恩惠，与诸侯修好，并向周天子进贡，在周惠王的支持下镇压南方的小国，开拓疆土，与齐桓公开始争霸天下。但由于忌惮齐国的兵力，楚成王还是选择和齐国结盟，史称“召陵之盟”。齐桓公举行葵丘会盟时，楚成王没有参与，而是选择避开齐国的锋芒，伺机北进。

宋襄公之仁

宋国是周成王时分封的诸侯国，当时周公平定武庚叛乱，便把商朝旧都周围的地区分封给纣王的哥哥微子启。春秋初期，宋国经历了几十年的内乱，到周襄王时，国君之位传到宋襄公手里。

宋襄公听说郑国支持楚成王，就发兵攻打郑国。郑国向楚国求救，楚成王派兵支援，与宋国军队在泓水（故道约在今河南省商丘市柘城县西北）相遇。楚军渡河时，宋襄公的哥哥目夷劝他："楚国兵多，宋国兵少，我们可以趁着他们渡河时攻灭他们。"宋襄公却说："我们是仁义之师，怎么能趁人家渡河时攻打呢？"后来楚军过了河布阵，宋襄公也不愿意提前发起进攻。一直等到楚军布好了阵，宋襄公才应战，结果由于兵力不够，宋军大败，宋襄公也被楚军射伤了大腿。泓水之战宋国失利，彻底断送了宋襄公的称霸之路。

曲沃代翼

晋国是周成王时分封的诸侯国，开国君主是周成王的弟弟叔虞，国号初为唐，唐叔虞之子燮即位后改为晋。西周灭亡时，晋文侯曾辅助周平王东迁，立下功劳。晋文侯去世后，他的儿子继位，史称晋昭侯。晋昭侯把曲沃封给叔叔成师，史称曲沃桓叔。曲沃城比晋国国都翼城还大，曲沃桓叔的地位也就有超过晋昭侯的趋势。

在接下来的六十多年时间里，曲沃城的桓叔一脉和晋昭侯世系展开了激烈的斗争。曲沃桓叔派人杀了晋昭侯，他的儿子曲沃庄伯又派人杀了晋昭侯的儿子晋孝侯。晋孝侯的儿子晋鄂侯去世后，曲沃庄伯趁机攻打翼城，但没有成功，晋鄂侯的儿子晋哀侯继位。但在此之后，曲沃一族的势力日渐强盛。公元前709年，曲沃庄伯的儿子曲沃武公发兵掳走了晋哀侯，晋哀侯的儿子晋小子侯继位。

三年后，晋小子侯也被曲沃武公杀死，晋哀侯的弟弟晋侯缗继位。一直到公元前679年，曲沃武公一举攻灭晋侯缗，并得到了周釐王的承认，成为新的晋国国君，史称晋武公。从此，曲沃一脉彻底打败晋文侯世系，成为晋国的国君。后人将这一过程称为“曲沃代翼”。这一场历时七十多年的晋国内战，也被视为春秋时期礼崩乐坏的标志性事件。

骊姬之乱

公元前677年，晋武公去世，他的儿子诡诸继位，史称晋献公。晋献公宠幸骊姬，和她生下儿子奚齐。骊姬想让奚齐当太子，就劝说晋献公，让他把太子申生派到曲沃，又把公子重耳和夷吾分别派到蒲地和屈地。公元前669年，为了避免曲沃代翼的事件再次发生，晋献公把原来晋国的公子全部诛杀。公元前656年，骊姬又陷害申生，让晋献公以为申生想害他，申生为表清白，选择了自杀。这时重耳和夷吾正好来朝见晋献公，得到消息后，他们十分害怕，赶忙逃回了封地。

晋献公对他们的离开十分不满，认为他们果然有异心，竟派军队去讨伐蒲地，重耳不得不逃到母亲的故国翟国，在这里待了十一年。在此期间，晋献公去世，奚齐当上了国君，不久又被大臣里克杀死。里克派人去翟国迎接重耳回晋国继位，重耳却拒绝了。于是，里克派人接回夷吾继位，史称晋惠公。

泛舟之役

公元前647年，晋国发生饥荒，晋惠公向秦国乞求购买粮食，秦穆公答应了。于是，秦国派遣大量船只，运载万斛粮食，由秦国都城雍城（今陕西省凤翔南）出发，沿渭水自西向东五百里押运粮食，随后换成车运，横渡黄河以后再改山西汾河漕运北上，直达晋国都城绛城。运粮的白帆绵延八百里，首尾相连，络绎不绝，史称“泛舟之役”。

谁知第二年，秦国发生饥荒，向晋国请求购买粮食时，晋惠公竟然拒绝了。不仅如此，晋惠公还想趁此机会攻打秦国。秦穆公大怒，派兵在韩原大败晋军，俘获了晋惠公。晋惠公的姐姐穆姬是秦穆公的夫人，在她的求情下，秦穆公才放了晋惠公。晋惠公回去后，将晋国黄河以西的土地献给秦国。之后，他又将太子圉送到秦国当质子。

晋文公即位

重耳来到齐国，受到了齐桓公的热情招待。他在这里娶了妻子，过了几年安逸的日子。齐桓公去世后，齐国陷入内乱，重耳却没有离开的意思。还是他的妻子和手下用计灌醉了重耳，才载着他离开了齐国。重耳经过曹国、宋国、郑国，在楚国接受了楚成王的招待，住了几个月。就在这时，晋惠公病重，太子圉担心大权旁落，偷偷离开了秦国。秦穆公很生气，就要把重耳从楚国接到秦国去。

公元前637年，重耳来到秦国。同年9月，晋惠公去世，太子圉继位，史称晋怀公。晋怀公担心重耳回国夺权，下令召集跟随重耳流亡的人员回国，还杀了重耳的外公狐突。第二年春天，重耳在秦国军队的护送下回到晋国。晋怀公还想派兵抵抗，可他的做法已经失去了民心，民众和大臣都不愿意抵抗，晋怀公只得逃走。重耳派人杀了晋怀公，在逃亡19年后登上了国君之位。他就是历史上大名鼎鼎的晋文公。

王子带之乱

周襄王即位后，王子带并没有收起野心。他几次引戎狄来犯，都没有得逞。公元前636年，周襄王发现王子带与自己的王后隗氏秘密勾结，就废黜了隗氏。王子带得知后，再次引西戎兵攻占了洛邑。周襄王仓皇出逃，向各国诸侯求救。这时晋文公刚即位不久，他收到消息，立刻打着勤王的名号出兵，生擒了王子带，将他押到都城处死，并迎接周襄王回朝。为了报答晋文公，周襄王把王畿的阳樊、温、原、攒茅等四邑赐给晋国。

城濮之战

齐桓公去世后，齐国的霸业无力为继，楚国却不断壮大。公元前633年，楚成王联合陈、蔡、郑、许等国围攻宋国，宋国不敌，向晋国求救。晋文公不想和楚国硬拼，就派兵攻打楚国的同盟曹国和卫国，想逼楚成王从宋国退兵。楚成王果然想要撤兵，可他手下的大将子玉却不肯，他坚持请兵，要与晋国一战。晋文公在流亡时曾到过楚国，接受过楚成王的帮助。楚成王觉得晋文公并非常人，不好对付，所以只给了子玉很少的人马。

公元前632年，子玉率领楚军北上，攻打晋军。晋文公遵守曾经对楚成王的约定，先让军队退避九十里，才转身迎战。双方在城濮（今山东省菏泽市鄄城县东南）展开大战。晋军选择楚军的薄弱环节，首先击溃由陈国、蔡国军队组成的楚军右翼；同时晋军主力伪装撤退，诱使楚军左翼追击，然后回师夹击，迫使楚军中间的主力后退。最终楚军大败，子玉带着残兵败将逃回楚国，自杀而亡。

践土之盟

城濮之战让楚国的称霸之路受挫，也让晋文公的声誉在各诸侯中大大提升。战争结束后，晋文公在郑国的践土（今河南省新乡市原阳县西南）修筑王宫，发起会盟，并请周襄王前来赴会。在会盟中，晋文公将俘获的楚国俘虏献给周襄王，周襄王任命他为诸侯之长，并赐给他许多礼物。践土之盟是继齐桓公葵丘会盟后的又一次盛大的诸侯会盟，它标志着晋文公成为齐桓公之后的第二位春秋霸主。

秦穆公称霸

西周灭亡后，秦襄公因护送周平王东迁有功，被封诸侯，成为周朝的诸侯国。春秋时，秦国建都于雍城。待秦穆公登上国君之位时，经过近百年的发展，秦国已经占有了关中平原大部分地区。

秦穆公想要称霸中原，便帮助晋国平定内乱，辅助晋文公登上国君之位。晋文公在位期间与秦国相处和睦，史称“秦晋之好”。后来，秦穆公得到百里奚、蹇叔等贤才，将秦国治理得更加强盛。晋文公去世，晋襄公即位。秦穆公想袭击郑国，因计划泄露，决定撤兵回国。但晋襄公得到消息，立刻派兵在崤山（今河南省三门峡市渑池县西）堵截秦军。最终秦军陷入晋军的埋伏，崤之战秦军大败。秦穆公不再和强大的晋国争霸，而是向西扩张。派兵攻打西戎，生擒西戎王，使十二个戎国臣服于秦国，将秦国疆域增加了近千里的土地。周襄王特意送来贺礼，并任命秦穆公为西方诸侯之长，秦穆公从此称霸西戎。

楚庄王问鼎

城濮之战后，楚国退回南方，但并未放弃争霸之心，仍然不断向中原小国扩张势力。楚庄王即位后，暗中积蓄力量，并开始着手改革内政，发展生产，加强军事训练。公元前611年，楚庄王亲自率兵攻灭庸国，便开始想要着手北上争霸。公元前606年，楚庄王打着“勤王”的名义率军北上，攻打散落在黄河以南、熊耳山以北的陆浑之戎，一直打到了洛邑附近。为了示威，楚庄王在洛邑郊外举行了盛大的阅兵仪式。

当时的周天子是刚刚即位的姬瑜，他是周襄王的孙子，史称周定王。周定王十分惶恐，派王孙满带了礼物去慰劳楚军。楚庄王接待王孙满时，问起了周朝宫殿中九鼎的大小和轻重。九鼎相传是大禹治水时搜罗九州上贡之铜铸成，代表九州一统，是国之重器，也是周天子王权的象征。楚庄王问九鼎，宣示了他问鼎中原的野心。

晋楚邲之战

为了争当霸主,晋国和楚国之间的战争一直不断。而郑国由于夹杂在晋楚之间，总是被当成战场。公元前 597 年，楚庄王派出精锐部队占领了郑国，郑国国君郑襄公向楚军请罪求和。楚国答应和郑国结盟，从郑国退兵，驻扎在三十里外。而此时，晋国派来救援郑国的军队已经在路上了。他们正要渡过黄河，就听到了郑国与楚国和谈的消息。晋军统领荀林父分析利弊后，认为此时已经不适合再与楚国交战。可是晋军大将先縠却不同意,他觉得敌人就在面前却不敢攻打，有失晋国霸主尊严。于是,先縠不顾荀林父的再三劝阻，擅自带领部下渡过黄河去追击楚军。无奈之下，荀林父只好带着其余的军队渡河去支援先縠。

楚庄王命手下将士严阵以待，静候晋军。他一面派人去向晋国求和，麻痹晋军；一面又派兵挑战晋军，以探虚实。先縠以为楚军一心求和，因此不做迎战的准备。楚军很快就全军出动，大举来攻。荀林父看到前有强敌，后有黄河，心中慌乱，下令晋军渡河撤退。晋军因此慌乱渡河，溃不成军，争抢之中死伤者不计其数。这一战楚军大胜，荀林父带着残兵连夜逃回了晋国。这一战是在邲地（今河南省郑州市北）展开，称为邲之战。邲之战后，楚庄王进逼中原，迫使郑国和中原主要小诸侯国归顺楚国，楚庄王成为中原的霸主。

弭兵会盟

晋楚争霸，夹在它们之间的小国不胜其扰，宋国就是其中之一。公元前595年，楚庄王兴兵攻打宋国。大军将宋国都城商丘团团围住，宋国则拼命防守，两军就这样相持了九个月。宋文公没办法，只好派人说明宋国百姓的悲惨境况，请求楚国退兵。楚庄王最终同意和宋国结盟。

宋国为了自保，派大夫华元积极奔走斡旋，促成晋楚会盟。在宋国的努力下，公元前579年，晋国和楚国在宋国的西门外举行会盟，签订结盟合约，史称第一次弭兵会盟。但这次结盟十分不稳定，合约签订后只过了四年，公元前575年，晋国和楚国就爆发了第三次大战，史称鄢陵之战。这一战晋国取得了胜利，巩固了自己的霸主地位，也遏止了楚国在中原的称霸势头。公元前546年，宋国积极促成了第二次弭兵会盟。这次会盟共有14个诸侯国参加，会上规定了晋国和楚国的附属国，并规定这些附属国都要向晋国和楚国朝贡。第二次弭兵会盟后，战争大为减少，此后的十几年未有战事发生，而晋、楚两国之间，在其后的40年内没有发生过直接的军事冲突。介于两国间的中原各国，有了一个暂时和平的环境。

伍子胥奔吴

公元前529年，楚灵王因内乱自杀后，楚平王即位。楚平王初期还积极抚慰民众、敦睦诸侯，可等到王位稳固之后，他就暴露了自己的本性。他听信奸人的谗言，让楚国的朝政腐败昏暗。他猜忌太子建，废黜了太子。身为太傅的伍奢一家也受到了牵连，伍奢和大儿子伍尚被杀害，小儿子伍子胥侥幸逃脱。他白天躲藏，夜晚奔逃，风餐露宿，颠沛流离，终于来到了吴国。

此时吴国的国君是吴王寿梦的孙子，吴王僚。寿梦的另一个孙子人称公子光，他收留了逃亡而来的伍子胥。伍子胥看出公子光有夺位的野心，便将勇士专诸推荐给他，自己退回乡下隐居。公元前515年，吴王僚趁楚平王去世之机兴兵伐楚。公子光抓住这次机会，在班师回朝的庆功宴上派专诸刺杀了吴王僚，自己登上了吴国的王位。他就是历史上著名的吴王阖闾，吴王阖闾即位后，召伍子胥为大夫，与他共商国是。

《孙子兵法》

孙子原名孙武，本是齐国人。公元前532年，齐国发生内乱，孙武离开齐国，来到吴国潜心研究兵法，著成了《孙子兵法》一书。《孙子兵法》是世界上最早的兵书，记载了许多战争谋略，内容博大精深，且包含丰富的思想，体现了我国古代军事思想的精华，被称为“兵学圣典”。

在伍子胥的引荐下，吴王阖闾召见了孙武。孙武对兵法的独特见解引起了阖闾的深刻共鸣，因此他将孙武任命为吴国将领，加以重用。在伍子胥和孙武的辅佐下，吴王阖闾进行了一系列经济和军事改革，吴国不断发展壮大。从公元前512年开始，吴国屡次攻打楚国，夺取了楚国多座城邑。公元前506年，吴国军队一举攻入了楚国国都郢都（今湖北省荆州市）。

吴越争霸

春秋末年，越国国势日渐强大。正当吴王阖闾举兵驻扎在郢都之时，越王允常趁机派兵攻打吴国，阖闾对越国很不满。公元前496年，阖闾趁越王允常去世，越王勾践刚刚登基，出兵攻打越国，勾践派遣死士冲入吴军阵地，吴军大败，阖闾也受了重伤，最终不治而亡。临死之前，阖闾叮嘱自己的儿子夫差，一定要为他报仇。

勾践听说后，决定先发制人。公元前494年，勾践不顾大臣范蠡的反对，向吴国发兵，结果大败。勾践带着五千名残兵退回会稽，夫差乘胜追击，派兵包围了会稽。勾践极力讨好夫差，送给夫差美女和珠宝。夫差果然很高兴，于是不听伍子胥的劝告，放了勾践。勾践回国后卧薪尝胆，越国上下团结一心，国力渐渐强大起来。吴王夫差不顾群臣的反对出兵攻打齐国，甚至还怒杀了伍子胥。公元前473年，勾践发兵，一举攻灭了吴国，吴王夫差自杀身亡。越王勾践凭借卧薪尝胆的坚强毅力，终于一雪前耻，获得了吴越争霸最后的胜利，成为春秋时期的最后一位霸主。

王子朝之乱

公元前 545 年，周天子之位传到周简王的孙子姬贵手里，史称周景王。周景王的太子寿早死，他又立王子猛为太子。但周景王更加宠爱另一个儿子，王子朝。他想废黜王子猛，立王子朝为太子，却遭到了大臣单旗、刘蚠的反对。周景王因此犹豫不决，直到临死之际，才匆忙向王子朝的老师宾孟留下遗诏，传位于王子朝。但单旗和刘蚠不愿遵守遗诏，便杀了宾孟，拥立太子猛登上王位，史称周悼王。王子朝不甘心，趁着周景王的葬礼发动叛乱，驱逐单旗和刘蚠，杀死周悼王，自立为王。

此时，晋国得知周王室内乱，派兵直逼洛邑，赶走了王子朝，改立周悼王的弟弟王子匄为王，史称周敬王。晋国军队退去后，王子朝又回到洛邑，将周敬王赶走。公元前 516 年，晋国率领诸侯护送周敬王回到洛邑，打败王子朝，王子朝逃往楚国。据说这次出逃，王子朝带走了周朝王室的许多典籍，致使周王室的礼乐制度进一步崩塌，王室尊严也不复存在。公元前505年，周敬王趁着吴国攻打楚国之机，派人刺杀了王子朝，这场叛乱终于平息。

公元前476年，周敬王去世。《史记》中将此当成春秋和战国的分界点，至此，延续近三百年的春秋乱世结束，历史迎来群雄争霸的战国时期。

三家分晋

春秋末年，中原霸主晋国国君的权力开始衰落，大权渐渐落到了几个大夫手里。他们互相攻打，最后剩下了智家、赵家、韩家、魏家这四家大夫。

智家的势力最大，大夫智伯总想侵占其他三家的土地。赵家大夫赵襄子不肯退让，智伯就联合韩、魏两家一起攻打赵家。赵襄子反过来说服了韩、魏两家，共同对付智伯。智伯被灭后，赵、魏、韩三家瓜分了晋国的土地。后来，周天子正式册封三家为诸侯，三家又废除了晋国最后的国君——晋静公，晋国彻底灭亡。

田氏代齐

春秋末年君权旁落的还有齐国。齐宣公在位时，田和为相国。后来齐宣公去世，齐康公继位，田和趁机把持朝政，并借齐国内乱向魏国求助。魏文侯联合赵、韩两国军队，一路攻打到齐国，俘虏了齐康公。三晋被正式册封时，田和也在齐国自立为国君，史称齐太公。后来，在魏文侯的出面调和下，周安王正式封田和为诸侯。从此，姜姓齐国被田氏取代，史称“田齐”。

秦灭六国

战国末年，七雄中日益强大的秦国在秦王嬴政的领导下，先后消灭了韩、赵、魏、楚、燕、齐六国，统一了中国。从公元前230年开始，秦国一共用了10年时间，先一举攻下韩国，再巧用反间计歼灭赵国，用水淹都城的方法攻破了魏国，采取以逸待劳的策略制服了楚国，最后大军击败燕国和齐国。

公元前221年，秦王嬴政完成了统一中国的大业，结束了自东周以来长达数百年的诸侯割据纷争局面，并建立起中国有史以来第一个大一统的君主制王朝——秦朝。秦王嬴政史称秦始皇，中国历史从此翻开了崭新的一页。

秦朝

秦朝是中国历史上第一个封建制大一统王朝。秦朝历史较为短暂，从公元前221年秦始皇统一六国起，到公元前207年刘邦入咸阳结束，共十五年。但秦朝在我国历史上的意义非同一般。秦始皇首创皇帝制度，在中央实施三公九卿制，在地方废除分封制，实行郡县制，统一文字、货币和度量衡等，北击匈奴，南平百越，修筑了举世闻名的万里长城，为建立专制主义中央集权制度开创了新局面，对中国和世界历史都产生了深远的影响。从此，中国正式步入了延续两千多年的封建社会。

建立帝国

公元前221年，秦王嬴政统一了六国，实现了前所未有的大业。他选了“三皇”中的“皇”字和“五帝”中的“帝”字，将它们合在一起，称为“皇帝”，自称“朕”，史称秦始皇。

为了有效地管理大一统的国家，防止分裂，加强中央集权，秦始皇建立了一套相当严密的中央集权的行政机构。他在中央推行三公九卿制；取消周朝的诸侯分封制度，推行郡县制；提出“使黔首自实田”的政策，让占有土地的地主自行耕田，并按实际占有的田数向国家缴纳赋税，国家则对他们占有的土地予以保护。经过一系列措施后，一个强大的秦帝国有了雏形。

整齐制度

秦帝国是统一战国“七雄”后的产物。“七雄”作为各自独立的国家，如果从西周初年分封诸侯算起，已经有800多年的历史。因而，各国之间在文字、货币、度量衡以及车轨等诸多制度上有着巨大的差异。

秦始皇统一天下后，建立了统一的制度，提出“一法度衡石丈尺、车同轨、书同文字”的有关整齐制度的各项法令。为了促进经济交流，方便流通，秦始皇还统一了货币和度量衡。他所颁布的这一系列法令，对于完善和巩固封建专制制度乃至对中国此后的历史发展，都起到了重大的作用。

开疆拓土

匈奴是我国古代散居在北方广大地区的游牧民族，他们没有固定的居住地，随着水草迁徙，经常入侵中原各国的北部边境。战国时与匈奴相邻的燕、赵、秦三国都忙于内部的兼并战争，因而对匈奴多采取防御政策，在北部边境修筑了长城防守。

公元前 215 年，秦始皇命大将蒙恬率 30 万大军北伐匈奴，收复了被匈奴侵占的西北边地。第二年，蒙恬又率大军向西北追击匈奴，将黄河以北高阙（今内蒙古自治区乌拉特后旗）一带划入了大秦帝国的版图。为了巩固北部边防，秦始皇开始修筑一项震惊古今的军事防御工程——万里长城。他将北部边地原有的长城与新修的长城连接起来，成为一道完整的防线。

大泽乡起义

秦始皇统治后期，对人民实行残暴的统治。秦二世上台后更是变本加厉，在他的统治下，人民身上的负担越来越重。公元前209年，陈胜、吴广掀起了轰轰烈烈的反秦起义，附近的农民纷纷响应，很快就组成了一支庞大的起义军。起义军攻下陈郡（今河南省周口市），陈胜被立为王，提出了“伐无道，诛暴秦”的口号。这次起义史称“大泽乡起义”。

由于起义军尚未锻炼成熟，再加上秦军大规模的镇压，起义军很快就失败了。但他们点燃的反秦烈火并没有熄灭，在大泽乡起义的影响下，全国各地的农民纷纷起来反抗，秦王朝岌岌可危。

巨鹿之战

公元前207年，秦将章邯带着秦军主力北上攻打赵王，将赵军围困在巨鹿（今河北省邢台市平乡县西南）一带，楚王派遣上将军宋义和次将项羽北上救赵。大军到了安阳，宋义将军队驻扎在当地，却连续四十六天不出击。项羽建议楚军迅速引兵渡过黄河，如赵、楚两军出其不意，必能击败秦军，以解决巨鹿之围。

宋义不同意项羽的战术，认为不妨先让秦、赵二军相斗，楚军坐收渔翁之利。甚至宣布不服从命令者斩首示众。此时，已至十一月，天寒大雨，楚军士卒冻饿难耐，项羽一怒之下，矫称楚王之名，杀死宋义。楚王闻讯，随即封项羽为上将军，率军北进。

同年十二月，项羽命令英布、蒲将军领兵二万余人渡过黄河，截断了秦军的粮道，然后亲率大军渡河。渡河完毕后，立即命令全军将渡船凿沉，把炊具和帐篷等物统统烧掉，士兵只携带三天干粮，表示要与秦军破釜沉舟、决一死战。结果，楚军一到巨鹿，迅速包围秦将王离的军队，楚军士兵勇猛无比，莫不以一当十，经过九次激战，大破秦军，生擒秦将王离，斩杀秦将苏角，秦军主帅章邯带着残兵败逃。经此一役，项羽基本上摧毁了秦军主力，使得秦军再也无力组织大规模的会战，这一战就是历史上著名的巨鹿之战。秦朝就在这风雨飘摇中逐渐走向了灭亡。

秦朝灭亡

大泽乡起义失败后，刘邦和项羽率领的两支军队逐渐壮大起来。公元前 207 年 8 月，刘邦起义军攻入关中。赵高唯恐受到秦二世的责罚，便发动政变，命女婿咸阳令阎乐、弟弟郎中令赵成领兵攻入秦二世宫殿，逼杀了秦二世。赵高原想自己登位称王，但迫于满朝群臣的压力，只好改立子婴为秦王。

几天后，子婴设计诛杀赵高，灭了他的三族。但子婴只做了 40 多天皇帝，刘邦大军就打到了咸阳，子婴出城投降。至此，秦始皇创立的秦王朝，在农民起义军的打击下覆亡了。

楚汉争霸

秦朝末年人民起义不断，天下的局势也发生了巨大的变化。由楚国大将项燕之后项羽率领的起义军逐渐强盛，击败了秦军众多主力。而另一支起义军领袖刘邦也在汉中起兵，并趁项羽和秦军主力决战之际开辟了另一个战场，队伍日渐壮大。秦朝灭亡后，项羽和刘邦为了争夺政权，进行了长达四年的“楚汉争霸”。

鸿门宴

项羽在巨鹿大破秦军之际，刘邦率领的起义军已经进入了关中地区。项羽大怒，亲率大军驻扎在鸿门（今陕西省西安市临潼区东），决定攻打刘邦。刘邦自知无力抵抗项羽的大军，只得退出咸阳，表示愿意让项羽称王。

项羽身边的谋士范增察觉出刘邦野心很大，便让项羽设下鸿门宴，准备杀掉他。酒宴上，范增多次暗示项羽杀掉刘邦，但项羽优柔寡断，一直没有下定决心动手，刘邦得以脱身，保住了性命。刘邦逃走，范增非常生气，说今后天下一定会落到刘邦手中。后来，范增的预言果然成了现实。

明修栈道，暗度陈仓

鸿门宴后，项羽进入咸阳，杀了秦王子婴，一把火烧了秦朝的宫殿。他自称西楚霸王，封刘邦为汉王，只给他留了三万人的军队，让他驻守在汉中一带；又封秦朝投降的章邯等人驻守关中，把刘邦的封地隔绝开来。汉中一带地势崎岖，唯一通往外面的路就是用木板架在山崖上铺成的栈道。刘邦派人烧毁了栈道，表示自己留在汉中，再也不想出去的决心，好让项羽放下戒心。项羽果然放下心来，不再把刘邦当成对手。其实刘邦一直在等待时机。

半年后，项羽终于不再防范刘邦了，刘邦听取大将韩信的建议，明面上修理栈道，暗地里却派军队绕道北上，在陈仓打败了章邯的军队，又打回了咸阳城。这次机会让刘邦平定了关中地区，具备了和项羽争夺天下的实力。他正式提出讨伐项羽的口号，拉开了楚汉相争的序幕。

彭城之战

公元前205年，汉王刘邦率军五十六万人攻入楚军的根据地彭城（今江苏省徐州市），取得了对楚公开宣战后的第一次突袭胜利。项羽听到后，命令手下将领继续留在齐地，剿灭田广与田横，自己率领三万精兵南下反击刘邦的汉军。楚军自鲁（今山东省曲阜市）而南，越过胡陵（今山东省鱼台县东南、江苏省沛县北），进入彭城西邻的萧县（今安徽省宿州市萧县西北）。

项羽大军与刘邦汉军早晨相遇后，主动出击，攻势凌厉，到了中午汉军大溃败，死亡十余万人。汉军看到楚军如此凶猛，不敢恋战，只得不停逃跑，楚军紧追不舍。当楚军追到灵壁（今安徽省淮北市西南）东濉水上，汉军前有追兵，后有河水，竟被楚军推挤到水里，又有十余万人死于濉水，使得濉水一度断流。汉王刘邦也被楚军团团围住，无法逃脱。恰好此时，西北骤起大风，飞沙走石，一时间天昏地暗。楚军大感恐惧，反而自乱阵脚，各自溃败，刘邦趁此机会，急忙与数十名骑兵逃出重围，得以活命。

这一场战役，项羽半天时间不仅以少胜多击败了刘邦，甚至还俘虏了刘邦的父母以及妻子，使得汉军主力几乎消失殆尽，从前投降汉军的各路诸侯军，此时纷纷降楚。刘邦不得不收拾残兵，退守荥阳。汉军与楚军也进入了更为残酷的战略僵持阶段。

荥阳僵持

公元前205年到公元前204年，汉军与楚军相持于荥阳，汉军虽然抵挡住了楚军的进攻，但是双方的实力差距依旧很大，楚军占有绝对优势。刘邦为了扭转不利局面，开始整顿内部，巩固后方。他宣布刘盈为太子，大赦天下，以此来安定人心，同时表达汉政权的稳定性。接着，刘邦回到关中击败章邯，彻底拔除了敌军在关中的最后一个据点。

刘邦重臣萧何计户口，征粮饷，将源源不断的物资和兵员送往前线，有力地支持刘邦，使得汉军根据地更加巩固。前线上，刘邦实施唯才是举的方针，不论资格，不分地域，凡是有益汉军的人才统统破格起用。同时，刘邦大将韩信在魏、赵不停取得胜利，有力地支援了荥阳前线。正是在这一系列的措施实施下，居于劣势的汉军在荥阳与楚军相持而未立即败亡，这也为刘邦的反攻打下了坚实的基础。

垓下之围

楚汉之争后期，战争的优势已完全向刘邦那边倾斜。公元前 203 年，一直围困汉军的楚军弹尽粮绝，而汉军也没等来援军。双方只好议和，签订了一份停战协议，商定将天下分为两部分，以鸿沟为界，东边归楚，西边归汉。

就在项羽遵照盟约向东撤退时，刘邦听从谋士张良和陈平的建议，撕毁盟约，趁楚军疲乏之时发起突袭。楚军军力强盛，仍在固陵（今河南省太康县）一带大败汉军。刘邦又以封地为报酬，联合多方势力一起攻楚。各路大军从不同方向向楚军合围，项羽被迫不断后撤，沿路不断吃败仗，最后退到了垓下（今安徽省固镇县濠城镇，一说位于安徽省灵璧县韦集镇）。此时的楚军还有十万人，但都已疲惫不已，再加上粮食缺乏，军士早已丧失了斗志。刘邦和韩信、彭越等多处人马会合，也不急着攻打项羽，只是将十万楚军团团围住。项羽想带兵突围，打败了韩信的兵马，又被左右两支队伍夹击，韩信趁机反扑，楚军只好又退回垓下。

乌江自刎

公元前202年，项羽兵败垓下，被刘邦的军队重重包围。这天晚上，汉军没有进攻，而是在军中唱起了楚地的歌谣。楚军士兵听到熟悉的乡音，不由得悲从中来，想起家中的父母亲人，想起多年在外征战，一时泪水四溢。项羽坐在营帐中，听到四面楚歌响起，也大吃一惊：“难道汉军已经把楚地占领了吗？怎么汉军里会有那么多楚人？”一曲唱完，楚军也失去了再战的勇气。

项羽自知大势已去，便在营帐里喝酒解忧，并和他的宠姬虞姬一起唱和："力拔山兮气盖世，时不利兮骓不逝，骓不逝兮可奈何！虞兮虞兮奈若何！"之后，他趁夜带着八百骑兵突围，一直来到乌江边。看着自己的人马全部被杀，项羽自觉无颜见江东父老，拔剑自刎而死。一代英雄西楚霸王，就这样结束了自己的生命。

西汉

公元前202年，刘邦在楚汉之争中战胜项羽后称帝，建立汉朝，定都长安，史称西汉。汉朝是继秦朝之后的大一统王朝，是当时世界上最先进的文明和强大帝国。汉朝在思想、文史、科技等方面卓有建树，儒学独尊、佛道并列，汉赋、乐府诗兴盛，《史记》《汉书》开创纪传体史书先例，造纸术的发明与改进更推动了人类文明的发展。

汉朝建立

垓下之战，项羽自杀，刘邦取得了胜利，楚地全归汉所有，这也代表着楚汉战争的结束。公元前202年，刘邦即位于汜水之阳的定陶（今山东省菏泽市定陶区）。从此，刘邦由汉王变成了汉王朝的皇帝。这也代表着完成了由秦到汉的改朝换代。刘邦登基后，最初建都于洛阳，不久采纳齐人娄敬建议，将国都迁往长安，从此长安成为西汉的全国政治中心。

刘邦即位后，减轻田租，与民休息，士兵复原回家豁免其徭役，继续推行依军功授田宅的制度；命令战争期间流亡山泽的人民各行回归其县，复故爵田宅；规定商人不得穿丝乘车，并加重其租税。这些措施对于恢复残破的社会经济和稳定封建统治秩序起到了重要作用。为了建立和巩固中央集权，刘邦又相继翦除了异性诸侯王，迁徙关东六国强宗大族十余万人口到关中定居。白登之围后，对于匈奴采取战略守势，奉行和亲政策，开放关市，缓和双方关系。总体来看，汉朝在刘邦的统治下，社会趋于稳定，经济开始复苏，为后来的文景之治打下了坚实的基础。

文景之治

“文景之治”指西汉汉文帝、汉景帝统治时期出现的治世。汉初，因多年战乱导致社会经济凋敝，朝廷便采取“轻徭薄赋”“与民休息”的政策。汉文帝分别两次“除田租税之半”，共免收全国田租十三年。文景二帝重视农业，曾多次下令劝课农桑，根据户口比例设置三老、孝悌、力田若干人员，并给予他们赏赐，以鼓励农民生产。奖励努力耕作的农民，劝解百官关心农桑。每年春耕时，他们亲自下地耕作，给百姓做榜样。随着生产日渐得到恢复并且迅速发展，出现了多年未有的稳定富裕的景象。汉朝的物质基础亦大大增强，是中华文明迈入帝国时代后的第一个盛世。

汉武盛世

汉武盛世，指西汉汉武帝开创的盛世。公元前141年，汉景帝驾崩，其子刘彻即位，为汉武帝。

汉武帝即位后，政治上颁布“推恩令”，推恩令是在郡县制的基础上改进的，这项政令要求由以前的各诸侯所管辖的区域只由长子继承，改为长子、次子、三子可共同继承。诸侯国被越分越小，削弱了诸侯王势力。还通过“左官律”“附益之法”等限制诸侯王结党营私，加强对地方的控制，强化了中央集权。

在思想文化上，将“二十四节气”纳入《太初历》，作为指导农事的历法补充，该历法是我国第一部比较完整的历法，也是当时世界上最先进的历法之一。

在经济上将铸币权收归中央，统一铸造五铢钱，解决了私铸、盗铸等问题，稳定了国家经济。在全国各地设盐铁官，把煮盐、冶铁等经营权收归国有，实行专卖，增加了国家财政收入。推行均输平准法，政府干预调节市场，稳定物价，促进经济的平稳发展。重农抑商，并进行了历史上第一次人口统计，加强西汉经济基础。

军事上，平定四方，开疆拓土，国威远扬，卫青、霍去病的出击使北疆长时间稳定。武帝时代的中国疆域东抵日本海、黄海、东海暨朝鲜半岛中北部；北逾阴山；西至中亚；西南至高黎贡山、哀牢山；南至越南中部和南海，较秦时扩大近一倍。

此外，他还派张骞出使西域，开通了丝绸之路。将中国历史带领到新阶段，开启了中国文明富强的序幕。

张骞出使西域

汉朝建立后，战略上最重要的对手便是北方的匈奴。从刘邦白登之围后，汉朝对于匈奴政策始终处于战略守势。汉武帝即位后，国力大增，开始考虑反击匈奴。建元三年（公元前 138 年）汉武帝打算联络大月氏共同反击匈奴，招募自愿出使西域的人。张骞是汉中成固人，建元元年（公元前 140 年）为郎，主动应募，并率随从百余人由陇西出发，出使西域。

张骞在途经匈奴辖地时，不幸被俘。在匈奴十余年间，始终秉持汉节。后来趁机逃脱，辗转经乌孙（今伊犁河谷和伊克塞湖一带）、大宛（费尔干纳盆地）、康居（今乌兹别克斯坦境内），终于抵达了大月氏。大月氏先前为匈奴所迫西迁，此时已经定居多年，无意报复匈奴。张骞只得返回。归汉时改走南道，又被匈奴俘虏，扣留了一年多。

公元前 126 年，匈奴内乱，张骞乘机逃回汉朝。张骞此行前后历时十三年，虽然未能完成预定目标，但获得了大量有关西域的资料。汉武帝十分高兴，封张骞为太中大夫。后来张骞二次出使西域，公元前 114 年，张骞去世。

他两次出使西域，正式开辟了西汉与西域之间往来的通道，因此被称为“凿空”。中原王朝和西域之间的关系更加密切，进一步削弱了匈奴的势力。

昭宣中兴

汉武帝末年，阶级矛盾尖锐，农民起义不断，社会动荡，经济濒临崩溃。汉武帝死后，昭帝继位，年仅八岁，霍光受遗诏辅政。他诛灭上官桀、桑弘羊等谋反势力，稳定了政局，推动了国力的回升。元平元年（公元前 74 年），22 岁的昭帝病死。

之后相继废黜广陵王刘胥、昌邑王刘贺。霍光选择了汉武帝太子刘据之孙、十八岁的刘询继位，是为宣帝。霍光死后，宣帝开始亲政，大力整顿吏治，任用贤能，注重考核奖惩。昭宣时期的一系列政策，使西汉王朝实现了复兴，史称“昭宣中兴”。

王莽篡汉

西汉自汉成帝以后，皆由外戚辅政。汉元帝皇后王政君，六十余年为天下母，辅佐了四个皇帝。在汉哀帝死后，外戚王莽以姑母王政君为凭借，官居大司马，他用王政君的名义执掌军政大权，立汉平帝，并把自己的女儿嫁给汉平帝做皇后，渐渐在朝中大权独揽。汉平帝死后，王莽代天子临朝，称为“摄皇帝”。公元8年，王莽托古改制、篡汉自立，改国号为“新”。

东汉

公元25年，新朝末年爆发绿林赤眉起义，宗室刘秀趁势而起，并延续“汉”为国号，定都洛阳，史称东汉。随后他消灭各地军阀，统一天下，设立台阁制、推行度田令加强中央集权，开创光武中兴。汉和帝击败贵霜帝国，迫使匈奴西迁，复收西域，通使罗马，实现中国与欧洲首次直接交往，国力到达顶峰，史称永元之隆。东汉沿用西汉制度并进行调整，以适应当时社会状况，在经济、文化、科学技术等方面都远超西汉时期的水平。东汉一朝也被后世史家推崇为中国历史上“风化最美、儒学最盛”的时代。

刘秀建立东汉

西汉末年，朝纲紊乱，王莽篡汉，群雄并起。汉朝刘氏宗族中的一支,刘秀与其兄刘縯看到时机来临，便在春陵起兵，率领士兵七八千人与平林、下江农民军会师，共同拥立刘玄为更始帝，参与夺权之战。昆阳之战中,刘秀突围召集援军以少胜多大败新莽军队，立下大功，声名鹊起。

公元 24 年，刘秀消灭在邯郸称帝的王朗，被封为萧王。同年，刘秀收编了黄河以北地区的铜马、高湖、重连等部农民军，实力大为扩张，兵力达到数十万。随后南下击败了赤眉军和青犊、上江等农民军，并且开始消灭更始帝驻守在河北的谢躬军队。又派遣邓禹西征,乘着赤眉军与更始帝之间的激战,坐收渔翁之利。建元元年（公元 25 年）六月，刘秀在群臣的拥戴下称帝，重建汉政权，定都洛阳，史称东汉。东汉建立后，光武帝刘秀逐渐消灭了各地盘踞势力，统一了国家。

光武中兴

汉光武帝即位后，下令整顿吏治，废除王莽时的弊政，设尚书六人分掌国家大事，全国政务经尚书台总揽于皇帝，进一步削弱三公（太尉、司徒、司空）的权力，加强中央集权。同时，光武帝以“柔道”治天下，清查土地，恢复西汉时较轻的税制，实行三十税一，振兴农业，使人民生活逐步稳定下来。后人称这一段时期为“光武中兴”，也称“建武盛世”。

明章之治

东汉建立后，在光武帝刘秀统治时期，政治上相对安定，社会经济也得到了一定发展。刘秀死后，其第四子刘庄继位，称之为明帝。他一切尊奉光武帝的制度，使得刘秀统治时期制定的制度得以延续。刘庄在位期间基本上消除了因王莽篡政而引发的周边少数民族侵扰的威胁，使得中原与边疆关系更加融洽。内部吏治清明，人口大增，出现了牛羊被野的繁荣局面。

明帝死后，太子刘炟继位，是为汉章帝，轻徭薄赋，重视农业生产，继续延续其父的治理国策，所以，汉章帝在位时，东汉经济得到了前所未有的发展。历史上将明帝以及随后的章帝在位期间，称之为“明章之治”。

蔡伦发明造纸术

汉明帝永平末年，蔡伦入宫供职，在汉章帝建初年间升任小黄门，汉和帝继位后，蔡伦升任中常侍。

永元十四年（公元 102 年），蔡伦总结前人经验，改进造纸工艺，用树皮、麻头、破布、旧渔网等植物纤维为原料造纸，纸的质量大大提高。这种纸原料易找，价格便宜，易于推广。此后纸的使用日益普遍，纸逐渐取代简帛，成为人们广泛使用的书写材料，也便利了典籍的流传。蔡伦的造纸术不仅在中国产生了深远的影响，也对世界文明的发展做出了重要贡献。他的造纸技术被后人称为“蔡侯纸”，并沿用了近 2000 年，直到现代，世界各国的造纸工艺流程基本上还是沿袭了蔡伦发明的原理。

张衡发明地动仪

张衡初造地动仪的时间不详，复造于汉顺帝阳嘉元年（公元 132 年）。地动仪有八个方位，分别是东、南、西、北、东南、西南、东北、西北，每个方位上均有含龙珠的龙头，在每个龙头的下方都有一只蟾蜍与其对应。任何一方如有地震发生，该方向龙口所含龙珠即落入蟾蜍口中，由此测出发生地震的方向。张衡发明的地动仪是世界上第一台地震仪，也是有史以来人类第一次运用科学手段来测定地震方向的器具，比西方第一台地震仪早了1700多年。

官渡之战

东汉末年，土地兼并加剧，朝廷内部政治腐朽，外戚宦官干政，导致群雄割据，皇帝之位频频更迭，腐朽不堪的东汉政权分崩离析，名存实亡。

当时的割据势力主要有冀州的袁绍、河内的张杨、兖豫的曹操、徐州的吕布、扬州的袁术、江东的孙策、荆州的刘表、幽州的公孙瓒、南阳的张绣等，形成群雄并起的局面。在这些割据势力的连年征战中，袁绍、曹操逐步壮大起来。

公元200年，曹操与袁绍两军在官渡对峙。袁绍拥兵十万南下，曹操则以两万人应战。初时袁绍占优，但袁绍谋士许攸投奔曹操，建议曹操奇袭袁军在乌巢的粮仓，曹操采纳许攸之计，夜袭袁军粮仓乌巢，烧毁其粮草。袁军军心动摇，曹操趁机出击，大败袁军，歼敌七万。此役奠定了曹操统一北方的基础，成为中国历史上以少胜多的经典战例。

赤壁之战

曹操先后消灭了袁绍、袁术等割据势力，统一了北方，成为东汉朝廷的实际掌权者。与此同时，南方的孙权与刘备也在不断发展壮大。孙权继承父兄基业，据有江东六郡，实力不容小觑；刘备则在刘表的庇护下，逐渐壮大自己的力量。随着曹操的南下，三方的平衡被打破，一场大战在所难免。

公元208年，孙权、刘备联军结盟抗曹，孙权命周瑜和程普为左、右都督，曹操率军二十万众顺江而下，在长江赤壁与联军相遇，周瑜鉴于敌众己寡，久持不利，决意寻机速战。针对曹军“连环船”的弱点，决定开展火攻。黄盖先遣人诈降，随后带满载浸油的干柴草船只十艘，顺东南风驶向曹军。火船乘风闯入曹军船队，火势迅速延及岸边营屯。联军乘势攻击，曹军伤亡惨重。曹操经华容道脱逃，退回北方。此战孙、刘联军扬水战之长，巧用火攻，为三国鼎立奠定了基础。

三国

三国时期从公元220年开始，到公元280年结束，历经60年。三国包括曹魏、蜀汉、东吴三个政权。公元220年，曹丕迫使汉献帝禅让帝位，定都洛阳，国号魏，史称曹魏，标志着汉朝正式结束。公元221年，刘备称帝，定都成都，国号汉，史称蜀汉。公元229年孙权称帝，定都建业，国号吴，史称东吴，三国鼎立局面由此形成。

曹丕建魏

公元220年，曹操病逝于洛阳，享年六十六岁。其子曹丕从邺城至洛阳继位丞相、魏王，改建安二十五年为延康元年。汉献帝刘协在曹丕的逼迫下，连下四次禅位诏书，曹丕随即代汉称帝，国号魏，史称魏文帝，曹魏建立后，曹操被追尊为太祖，谥号武皇帝。

曹丕在位期间，采纳吏部尚书陈群的意见，制定实施九品中正制，成为魏晋南北朝时期主要的选官制度。同时，曹丕对内平定了青州、徐州一带的割据势力，最终完成了北方地区的统一；对外他还平定边患，击退鲜卑，和匈奴、氐、羌等外夷修好，恢复了对西域的统治。

刘备称帝

刘备在赤壁之战后夺取荆州，又西取益州，奠定了三分天下的基础。曹丕称帝后，东汉宣告灭亡，众臣力荐刘备称帝，一则可以争夺正统，二则与曹魏抗衡，在曹丕称帝后，刘备作为汉室宗亲，必须站出来宣告汉室未灭。公元221年，刘备在成都称帝，国号汉，年号章武。最终，刘备在蜀地正式建立蜀汉政权。

孙权称帝

公元229年，孙权在武昌称帝，立国号为吴，大赦天下。追尊其父孙坚为武烈皇帝，追尊其兄孙策为长沙桓王，立子孙登为皇太子。九月，孙权迁都建业(今江苏省南京市)。孙权称帝，是三国鼎立局面完全形成的标志。三国之中，尽管孙权称帝最晚，但从孙家割据江东起计算，却是国祚最久的。

司马篡魏

曹丕临终时，令司马懿与曹真等为辅政大臣，辅佐魏明帝曹叡。明帝时，司马懿屡迁大将军、太尉等重职。明帝崩，托孤幼帝曹芳于司马懿和曹爽。曹芳继位后，司马懿遭到曹爽排挤，升官为无实权的太傅。公元249年，司马懿趁曹爽陪曹芳离洛阳至高平陵祭陵，起兵政变并控制京都洛阳。自此，曹魏的军政权力落入司马氏手中，史称“高平陵事变”。公元266年，司马炎篡魏，国号晋，定都洛阳。

曹魏灭蜀汉

魏灭蜀之战是三国后期的吞并战，也是强者消灭弱者的一场战争。公元 263 年，魏国实际掌权者司马昭派钟会、邓艾、诸葛绪分兵三路南平蜀汉，与蜀汉大将军姜维发生拉锯战，钟会被挡于剑阁前，邓艾避开姜维大军的锋芒，抄阴平小路直取涪城，进逼成都，蜀汉后主刘禅投降，到此，蜀汉正式灭亡，开始了三国时代统一的序幕，三国历史走入名副其实的末期。

晋灭吴之战

晋灭吴之战是公元 279 年至 280 年，晋武帝司马炎发兵水陆并进，直取建业，一举灭东吴，实现统一的战争。

公元 279 年，晋武帝司马炎发兵二十余万，分六路进军攻打东吴，第二年二月，攻克丹阳城后，船行无阻，后来又擒获吴西线统帅、都督孙歆。在东线战场，东吴丞相张悌率领三万军队渡过长江迎战，被晋军夹击大败而归，晋军当机立断，挥师直指建业，吴军惊恐怯懦，不战而降，于是东吴宣告灭亡。晋灭吴后，东汉末年以来分裂百年的中国复归统一。

西晋

三国时期魏国权臣司马懿的孙子司马炎建立了西晋。公元 265 年，司马炎逼迫魏国的最后一个皇帝曹奂禅让，自己登基称帝，建立了晋朝，史称西晋，司马炎即晋武帝。司马炎称帝后，于公元 280 年派遣大军南下，灭掉了南方的吴国，从而结束了自东汉末年以来长达近一个世纪的分裂局面，实现了短暂的统一。晋武帝晚年，政治逐渐腐败，宗室之间的权力斗争日益激烈，尤其是分封宗室的政策，为后来的动乱埋下了隐患。

西晋建立

司马家族夺取曹魏政权，建立西晋王朝，是通过司马懿和其子司马师、司马昭以及其孙司马炎三代人，铲除曹魏内部的政敌，发展自己的势力而完成的。司马懿出身望族，被曹操提拔为丞相主簿，曹丕称帝后，建立魏国，司马懿地位逐渐显要。魏明帝时，担任大将军，开始掌握魏国军队，成为魏国的要臣。曹芳即位后，他和皇族曹爽共同辅政，但是二人互生龃龉。

公元249年，司马懿发动高平陵政变，杀死曹爽及其党羽，从此独自掌握国政。司马懿死后，其子司马师和司马昭继续专权。公元260年，司马昭杀死曹髦，立曹奂，并且灭掉了蜀汉政权，被封为晋王。司马家代魏的条件逐渐成熟。

公元265年，司马昭死后，其子司马炎逼迫曹奂禅位，建都洛阳，是为晋武帝，史称西晋。司马炎称帝后，开始伐吴。公元279年，司马炎大举攻吴，次年三月吴主孙皓投降，吴国灭亡，晋朝统一了全国。晋朝的建立不仅结束了三国的分裂局面，也使得中华民族又一次融合在了一起，为后来的历史发展奠定了基础。

太康之治

太康是晋武帝司马炎的年号，前后共十年。晋武帝灭掉吴国后，国家统一，社会开始安定，晋武帝实施了一系列有利于恢复社会经济的措施。他废除地方武备，使得农民得以免除地方兵役，同时又废除屯田制，实行占田、课田制以及互调制，这对于督促农户开辟耕地，发展农业起到了一定作用。

自东汉末年起，战火频仍，民不聊生，人口极度凋零，晋武帝为了发展人口，招抚流亡，督促婚嫁，限制士族的荫占，使得西晋人口开始逐渐增加，从太康元年到太康三年，短短三年时间，国家增加了130多万户。国家户口增多，也说明了社会稳定，从事生产的人口多了起来。据说当时社会“牛马被野，余粮栖亩，行旅草舍，外闾不闭”，史家对于这一阶段安定繁荣的社会状态，称作“太康之治”。

八王之乱

八王之乱是西晋末年一场严重的内乱，始于晋惠帝司马衷时期，由于晋惠帝智力有限，无法有效治理国家，宗室诸侯王趁机争夺中央政权。公元291年，晋惠帝的皇后贾南风为了掌握实权，引发了一系列政变和内战。随后，汝南王司马亮、楚王司马玮、赵王司马伦、齐王司马冏、长沙王司马乂、成都王司马颖、河间王司马颙、东海王司马越等八位宗室王相继卷入这场长达十六年的权力斗争。在这场内乱中，宗室成员相互攻伐，导致国力大减，民不聊生。

少数民族内迁

西晋末年，中原地区因连年战争导致人口锐减，魏晋政权为了弥补人口不足，对北方少数民族采取了招降与拉拢的政策，大量少数民族内迁至长城一线乃至关中地区、黄河流域定居，涉及的五大少数民族集团为匈奴、羯、鲜卑、氐、羌。这些民族在内迁过程中，逐渐接受汉族文化，向农耕民族转变，同时也保留着自己传统的军事、等级制度。少数民族内迁是我国古代人口迁徙史上的一个标志性事件，它不仅重塑了北方的民族格局，而且极大地推动了北方地区的民族融合进程。

西晋灭亡

由于八王之乱导致西晋国力空虚，同时面临着北方少数民族的强大压力。公元313年，晋怀帝于平阳遇害，年仅14岁的太子司马邺即位为孝愍皇帝，此时的长安城里人丁凋零、物资匮乏，无法抵御外敌。公元316年，汉将刘曜率军围攻长安，长安内外断绝联系，愍帝投降，标志着西晋的结束，使得中国北方陷入了长期的战乱和分裂状态。

东晋

西晋末年，中原地区的士族和百姓为了避免战火，开始大规模南迁，这一历史事件被称为“衣冠南渡”。晋元帝司马睿在王导等人的辅助下，率领中原汉族衣冠仕族臣民南渡至江南地区，建立了东晋政权，都城设在建康。这次南迁不仅是中原汉人第一次大规模南迁，也是中原文明向南方地区的大规模转移，标志着中国政治、经济和文化中心开始向长江流域转移，对后世产生了深远的影响。

衣冠南渡

西晋灭亡后，司马睿在建康（今江苏省南京市）建立了东晋王朝，开始了长达一个世纪偏安江左的统治。而北方大部分士族带领宗族、乡里、宾客、部曲，南渡江左。因为衣冠在历史上不仅代表着中原汉族的服饰，也代表着中原文化，故而史家将这一历史事件称作“衣冠南渡”。

衣冠南渡从西晋末期，经过东晋，直到南朝连续不断。这一连续的人口迁徙，使得中原文明进一步传播到南方，带来的先进生产技术促使江南的经济文化出现了更大的发展。

北伐中原

公元 313 年，司马睿任命祖逖为奋威将军、豫州刺史，给了他一千人的粮饷，三千匹布，不给武器，由他自己招募士兵进行北伐。祖逖于是从自己南渡的亲党部曲中选中了百余家北渡长江，船到江心，他敲着船桨，当众发誓：“祖逖不能清中原而复济者，有如大江。”祖逖渡江北伐后，收复了黄河以南大片领土。

淝水之战

公元376年，前秦王苻坚统一了中国北方，决定进攻东晋。公元383年，淝水之战爆发，苻坚率“百万大军”前来，实际仅30万到场；东晋以谢安之侄谢玄为先锋，率领经过长期训练，有较强战斗力的8万“北府兵”，沿淮河西上，迎击秦军主力。东晋军队采取灵活机动的战术，利用前秦军队的轻敌和内部不稳定因素，成功击败了前秦的进攻，并乘胜北伐，收回黄河以南领土。淝水之战也成为以少胜多的著名战例，载入军事史，对后世兵家的战争观念和决战思想产生着久远的影响。

东晋灭亡

东晋时期，官僚集团、豪门家族和宗室王族等各种势力相互角逐，权力腐败现象严重，导致政治不稳定。皇权衰弱加上士族势力抬头，导致皇帝往往受制于士族，无法有效地治理国家。公元420年，东晋权臣刘裕，凭借其军事和政治上的成就，最终篡夺了东晋的皇位，自立为帝，建立了刘宋，东晋随之灭亡。

东晋的灭亡,不仅是因为内部的腐败和权力斗争,也因为北方民族的压力和南方士族的崛起。

南北朝

在东晋司马家族日渐衰微，朝政荒废、民不聊生之际，江南的刘裕于公元420年取代司马氏，自立为帝，开启了南朝的历史。与此同时，拓跋家族正逐步统一着四分五裂的北方大地，拓跋焘先后灭了北凉、北燕、大夏等政权，最终在439年完成了北方的统一，与南朝形成了南北对峙的局面，标志着南北朝时期的正式到来。从刘裕取代司马氏称帝算起，南朝历经南朝宋、南朝齐、南朝梁、南朝陈四朝。自386年北魏建立起，北朝历经北魏、东魏、西魏、北齐、北周五个朝代。

南朝

南朝承自东晋，自刘裕篡晋建立刘宋起，随后，萧道成篡宋建立南齐，南梁末年，侯景之乱的爆发严重削弱了南梁的国力，南陈建立，至公元 589 年隋朝灭陈统一南北，南朝历经刘宋、萧齐、萧梁、陈四个朝代，均以建康（今南京市）为都城。

南朝宋

刘裕平定了内乱，北伐灭掉了南燕、后秦等北方政权，逐步扩大了自己的势力，于公元 420 年取代司马氏，自立为帝，建立刘宋，史称南朝宋。

刘裕称帝后，加强中央集权，抑制士族兼并土地，整顿吏治。他重用寒门子弟，实行土断政策，将侨置郡县的人口编入当地户籍，增加了政府的财政收入和兵源。在史学方面，范晔编撰的《后汉书》是一部纪传体断代史，与《史记》《汉书》《三国志》并称“前四史”。

南朝齐

南朝宋更迭几代帝王后，到后期，皇族内乱频繁，萧道成在混乱的局势中逐渐崛起。他掌握了刘宋的军政大权，在公元 479 年废宋顺帝刘准，自立为帝，建立南朝齐。

萧道成和他的儿子齐武帝萧赜在位时，推行了一些改革措施，如提倡节俭，试图整顿吏治。然而，南齐皇族也同样陷入了内部纷争，宗室之间互相残杀，政治日益腐败。与北魏时有冲突，边境地区时常发生战争。在北魏的军事压力下，南朝齐的领土有所收缩。

南朝梁

南朝齐后期，政治腐败，社会矛盾激化。雍州刺史萧衍在襄阳起兵，于公元502年推翻南齐，建立梁朝，史称南朝梁。

萧衍在位初期，政治较为清明，他重视文化教育，广纳人才。后期国政败坏，梁朝的地方势力逐渐强大，侯景之乱爆发后，梁朝的统治遭到沉重打击，国力衰微，西魏、北齐等势力趁机南下，侵占了梁朝的部分领土。

南朝陈

梁元帝萧绎在江陵被西魏所杀后，陈霸先与王僧辩拥立萧方智为帝。后来陈霸先袭杀王僧辩，于公元557年废萧方智，自立为帝，建立陈朝，史称南朝陈。

陈朝建立初期，陈霸先努力稳定政局，加强中央集权。但陈朝疆域狭小，国力相对较弱，隋文帝杨坚在统一北方后，积极准备南下灭陈。公元589年，隋军渡过长江，灭亡陈朝，结束了南朝的统治，实现了全国的统一。

北朝

北朝，作为中国历史上由北方少数民族建立的五个连续王朝的统称，标志着中国历史上一个多元文化交融和民族融合的时期。自公元386年北魏建立起，至公元581年隋朝的兴起，北朝历经北魏、东魏、西魏、北齐、北周五个朝代。北朝的结束，以隋朝的建立为标志，结束了长期的分裂局面，为隋唐的统一和民族融合奠定了基础。

北魏

公元386年，拓跋珪趁前秦瓦解之际，重建代国，不久后改称魏，史称北魏。拓跋珪在盛乐（今内蒙古自治区呼和浩特市和林格尔县）建都，后来迁都平城（今山西省大同市）。

北魏前期实行宗主督护制，地方豪强势力较大。后来孝文帝拓跋宏整顿吏治，颁布均田令，加强了中央集权。北魏在统一北方的过程中，先后灭掉了后燕、夏、北燕、北凉等政权。与南朝的宋、齐、梁等政权长期对峙，双方时有战争。

东魏

北魏末年，政治腐败，社会矛盾激化，爆发了六镇起义等大规模起义。在镇压起义的过程中，高欢崛起，控制了北魏朝政。公元534年，北魏孝武帝元修不堪高欢控制，西奔长安，投靠宇文泰。高欢另立元善见为帝，迁都邺(今河北省邯郸市临漳县西南)，史称东魏。

东魏实际权力掌握在高欢手中，他以晋阳（今山西省太原市）为根据地遥控朝政。东魏的政治格局是高欢家族势力占据主导地位，为北齐的建立奠定了基础。

西魏

北魏孝武帝元修西奔长安后，宇文泰掌握了朝政大权。公元535年，宇文泰毒死元修，另立元宝炬为帝，定都长安，史称西魏。

宇文泰进行了一系列政治改革，建立了府兵制。府兵平时为耕种土地的农民，农隙训练，战时从军打仗，自备武器和粮食。这种兵农合一的制度加强了西魏的军事力量。西魏与东魏频繁交战，互有胜负。同时，西魏也积极向南朝梁扩张，利用侯景之乱，夺取了南朝梁的部分领土。

北齐

东魏高欢之子高洋，在公元550年废掉东魏皇帝元善见，自立为帝，国号齐，史称北齐。

北齐初期，高洋比较有作为，整顿吏治，加强军事力量。但后期政治腐败，内部斗争激烈。北齐的政治制度基本承自东魏，但是由于皇室内部的混乱，使得行政效率低下，统治阶层逐渐失去民心。北齐与南朝陈时有冲突,在军事对抗中,北齐的领土也时有增减。

北周

公元557年，西魏宇文泰之子宇文觉在堂兄宇文护的扶持下，废掉西魏皇帝，自立为帝，国号周，史称北周。

北周前期，宇文护专权，连续废立皇帝。后来宇文邕即位，即北周武帝。他诛杀宇文护，亲政后进行改革，加强中央集权，继续推行府兵制，使北周的军事力量更加强大。北周政治比较清明，重视吏治，提倡节俭，使得国家政治环境得到改善。

北周与北齐之间的战争是当时北方的主要军事冲突。最终北周在公元577年灭掉北齐，统一了北方。

隋朝

隋朝的建立始于公元 581 年，当时北周静帝宇文阐被迫禅让帝位给北周大将军杨忠的儿子杨坚，杨坚随即称帝，建立隋朝。隋文帝杨坚在位期间推行政治改革，包括实行三省六部制和科举制度，于公元 589 年灭南朝陈，实现了南北统一，结束了自西晋末年以来近 300 年的分裂局面。隋朝还发展了经济和文化，修建了大运河等重要工程，其历史虽短暂，但为后来的唐朝盛世奠定了基础。

灭陈统一

公元582年，陈朝后主陈叔宝即皇帝位。陈后主登基后，昏暴荒淫，大兴土木。造临春、结绮、望仙三阁，极尽奢华，陈后主每天与贵妃张丽华沉湎其中。而朝政局势却是“宦竖弄权，恶忠直若仇雠，视生民如草芥”“百姓流离，僵尸蔽野；货贿公行，帑藏损耗；神怒民怨，众叛亲离。”

公元587年，北方的隋文帝废掉江陵傀儡政权后梁，扫清了进军江南的道路。公元588年二月，隋文帝下诏伐陈。十一月，集合兵力，以晋王杨广为统帅，沿着长江中下游分兵八路，大举南进。次年正月隋朝大将贺若弼从广陵（今江苏省扬州市）渡江，韩擒虎从采石（今安徽省马鞍山市）渡江，东西两路，直指陈朝首都建康（今江苏省南京市）。贺若弼激战于钟山，打败了前来迎战的陈军，韩擒虎因为陈朝将领任忠的投降，得以先进入宫城，俘虏了陈后主陈叔宝，陈朝灭亡。这一场战争从起兵到战争结束，不过短短四个月。隋朝在隋文帝的领导下，实现了国家统一。

隋炀帝即位

隋文帝建立隋朝后，杨勇以隋文帝嫡长子的身份被立为皇太子，参与决策国家大事，一度颇得隋文帝的信任。但是杨勇率性任情，崇尚奢华，做事经常有失检点，某年冬至日，他私自受百官朝贺，因此引起了隋文帝的猜忌。二弟晋王杨广，看到父亲与太子之间的嫌隙，觉得自己的机会来临了，便大修甲仗，阴养士卒，开始夺权准备。他伪装节俭仁孝，博得父母欢心，放下身段，外卑躬结交朝中权臣杨素作为外援，内则取得隋文帝宠爱的贵妃陈氏的支持，在杨广一系列运作下，隋文帝决定废掉太子杨勇，立杨广为太子。开皇二十年十月，隋文帝以仁孝无闻、委任奸佞等罪将杨勇贬为庶人。

公元604年，隋文帝病中发现杨广猥亵陈夫人，为自己听信杨广的谗言而后悔不已，决定复立杨勇为太子。杨广担心太子之位不保，随即联合杨素急派张衡入侍，发动仁寿宫之变，从而登上帝位，是为隋炀帝。

修建大运河

隋炀帝时期，为了加强南北经济文化的交流，隋炀帝动用百万百姓，疏浚之前众多王朝开凿留下的河道，自大业元年（公元605年）起，花费五年时间修建了举世闻名的大运河。运河以洛阳为中心，北至涿郡（今北京市），南至余杭（今浙江省杭州市），工程分为四个部分：通济渠、邗沟、永济渠、江南运河，全长达2700余公里。大运河的开通，使得南方的粮食和物资能够顺利北运，同时也促进了南北文化的交流和融合，对于维护国家的统一和稳定起到了重要作用。

瓦岗寨起义

隋炀帝杨广登上皇帝位后，大规模征发徭役、兵役和赋税，致使耕稼失时，田地荒芜，农民破产流亡，苦不堪言。大业七年（公元611年）河南瓦岗寨（今河南省安阳市滑县）农民不堪忍受隋炀帝的压迫，决定起义反隋。起义初期，农民军士卒大多是河南、山东一带骁勇善战的渔民猎手，在首领翟让的带领下劫夺隋朝的漕运物资，人数不过万人。大业十二年，李密加入瓦岗军，帮助出谋划策，屡次歼灭隋军，队伍逐渐壮大，成为中原地区最强大的起义军。

李密被推为领袖，翟让为司徒，于河南巩县设坛即位，称作魏公，国号魏，建元永平。同时瓦岗军发布檄文，声讨隋炀帝的罪行。李密在瓦岗寨的崛起，使得瓦岗旧将心怀不满，劝翟让夺李密之权，翟让不从，但让李密产生了疑惧。李密在房彦藻的鼓动下，竟将翟让杀死。自此瓦岗将领内心恐惧不已，离心离德。

大业十四年，瓦岗军继续攻克回洛仓（今河南省孟津县）、黎阳仓（今河南省浚县）、金墉城（今河南省洛阳市），进逼东都，并以精兵东击宇文化及。这一场战争使得瓦岗军损失巨大，接着李密又与王世充交战，遭到失败，李密的主力部队只剩下两万余人，他丢下留守黎阳仓的二十万瓦岗军不顾，入关降唐。公元 618 年，留守黎阳仓的农民军将领徐世勣投降唐朝，至此，瓦岗军这支曾经辉煌的农民起义军彻底成为历史。

李渊起兵

隋朝末年，隋炀帝杨广的暴政导致民不聊生，各地农民起义不断。

公元 615 年，隋炀帝任命唐国公李渊为河东宣慰大使，留守太原，赴山西镇压农民起义。李渊升任太原留守后，一些世族子弟为逃避兵役，纷纷投靠李渊，河东地方官吏中一些人看到隋朝大势已去，不断劝李渊起兵。

李渊派李世民、刘文静、长孙顺德、刘弘基等人到各地募兵，招集到一万余人。公元 617 年，太原副留守王威和高君雅看到李渊招兵买马，准备告发。李渊、李世民则先发制人，在晋阳宫杀死二人，史称“晋阳事变”。晋阳事变是李渊公开起兵的开始。

西河郡隋将得知李渊起兵的消息，在城内拒守。李渊派李建成、李世民率兵攻打西河，并派太原令温大有参谋军事。在攻下西河后，李渊命令开仓赈饥，招募士兵，把军队分为三军，李渊为大将军，李建成封陇西公、左领军大都督，统领左三军，李世民封敦煌公、右领军大都督，统领右三军，将军府、都督府各置官属，形成了强有力的军事机构，力量更加壮大。李渊命李元吉留守太原，亲自率军 3 万，向长安进发，在短短几个月后便攻克长安，结束了隋朝的统治，为唐朝的建立奠定了基础。

唐朝

隋朝末年，群雄并起，李渊在太原起兵反隋，凭借出色的军事才能和卓越的领导能力，迅速平定了诸多割据势力，成功攻入长安，拥立隋炀帝的孙子杨侑为帝，自己则担任大丞相，掌控实权。不久之后，李渊废黜杨侑自立为帝，建立唐朝，定都长安。李渊在位期间，实施了一系列稳固政权、发展经济的措施，为后来的贞观之治奠定了基础。他的次子李世民，即唐太宗，更是文治武功双全，对内推行仁政，对外开疆拓土，使唐朝成为当时世界上最强盛的国家之一。

李渊建唐

自公元617年，隋朝太原留守李渊在儿子李世民等人的劝说下起兵反隋，迅速攻占长安，并遥尊隋炀帝为太上皇，拥立代王杨侑为帝，改元义宁，李渊自任大丞相，封唐王。公元618年三月，隋炀帝在江都之变中被杀，李渊随即在五月逼恭帝禅让，称帝建国，定都长安，隋朝灭亡，唐朝建立。李渊建唐的过程，开启了中国封建社会的鼎盛时期，对中国历史和文化产生了深远的影响。

玄武门之变

李渊建立唐朝后，立长子李建成为太子，次子李世民为秦王，四子李元吉为齐王。李世民在唐朝统一战争中军功卓著，麾下人才济济，其声望与势力不断增长，太子李建成自知战功与威信皆不及世民，心有忌惮，就和弟弟齐王李元吉联合，一起排挤和陷害李世民。

李渊起初对李世民和李建成的矛盾采取平衡措施，但后来态度转变，李渊默许李建成打压李世民的势力，还将秦王府的一些官员调离，加剧了双方的矛盾。

以李世民为首的功臣集团，为求自保，于公元626年7月2日在长安城（今陕西省西安市）太极宫的北宫门—玄武门发动政变，李世民亲手射死了太子李建成，李元吉被伏兵射中坠落，后欲勒死李世民，被尉迟敬德射杀。事后李渊立李世民为太子，两个月后禅让皇位，是为唐太宗，开启了贞观之治，对中国历史的发展产生了深远影响。

贞观之治

贞观之治是唐太宗李世民在位期间（公元627—649年）的政治局面，以其政治清明、经济复苏和文化繁荣而著称。

政治上，李世民完善中央集权，推行三省六部制，提高政务效率，并实行科举制度选拔人才，加强法治，制定《唐律疏议》。经济方面，他减轻赋税，鼓励农桑，兴修水利，提高农业产量，促进手工业和商业发展，使得国家财政状况得到改善。文化上，李世民重视文化教育，设立国子监，选拔文人，推动文学艺术科技的繁荣发展，同时加强与周边国家的文化交流，扩大唐朝的文化影响力，为唐朝的长期繁荣打下了坚实的基础。

玄奘取经

唐朝时期，著名的高僧玄奘为了求取佛经，历经艰辛，前往天竺（今印度）取经。公元 629 年，玄奘从长安出发，历经艰险，跋涉五万余里，历时十七年，最终抵达印度取经。他带回了 657 部佛经并进行了翔实的翻译，此外还将自己的西行经历口述成《大唐西域记》，详细记载了沿途的地理、风俗、宗教等情况。玄奘的取经之旅，是一次宗教上的朝圣，也是一次文化上的交流与融合。

永徽之治

永徽是唐高宗李治的第一个年号。贞观二十三年（公元 649 年）五月，唐太宗病逝，高宗李治即位，第二年改元永徽。永徽年间，唐高宗李治在老臣长孙无忌、褚遂良等人的辅佐下，改变了贞观后期李世民连年用兵、徭役繁重的政策，宣布罢辽东之役以及诸土木之工，实行与民休息的政策。唐高宗李治又广开言路，虚心纳谏，关心民间疾苦，同时严格约束唐朝宗室诸王的聚敛。政治上较为清明，农业也获得丰收，人口迅速增加，百姓安定，有贞观之治遗风，故而史称“永徽之治”。

女皇武则天

武则天，中国历史上唯一正统女皇帝。她生于公元 624 年，14 岁入宫成为唐太宗的才人，后成为唐高宗皇后，高宗驾崩后，武则天以皇太后身份临朝称制，最终在公元 690 年自立为帝，建立武周。武则天在位时，选拔人才，开创殿试、武举，奖励农桑，改革吏治，并稳定边疆。晚年政治出现弊端，公元 705 年退位，同年去世，享年 82 岁，被尊为“则天大圣皇后”。武则天在位期间，实行了一系列改革措施，她的统治虽然存在争议，但她的政治才能和改革措施，对于唐朝的繁荣和发展具有重要意义。

开元盛世

唐玄宗李隆基即位后，结束了武则天死后政变频繁的动荡政治局面，于第二年改元开元（公元 713—741 年）。开元初年，李隆基针对武则天后期以及唐中宗、唐睿宗的弊政，进行了大刀阔斧的改革。他起用了姚崇为相，大力淘汰冗官，严禁奢靡之风，削减食封户数，整个国家呈现出欣欣向荣的局面。

唐玄宗时，物价稳定，道路列肆，悬酒食以待行人，行人万里，不持寸刃。这样的情形不仅中原地区和江淮地区如此，即使陇右河西地区，也出现了“闾阎相望，桑麻翳野”的繁荣景象。故而史家称这一段时期为“开元盛世”，同时也是中国封建王朝历史上非常繁荣的时期。

安史之乱

安史之乱是唐朝中期的一场大规模叛乱，由安禄山和史思明领导，始于公元 755 年，历时七年零二个月。

天宝年间，安禄山以讨伐宰相杨国忠为名在范阳起兵，迅速攻占洛阳和长安，唐玄宗逃至四川，途中发生马嵬坡之变。玄宗之子李亨在灵武即位，是为唐肃宗。肃宗组织反击，经过多次激战，唐军在郭子仪、李光弼等将领的带领下逐步收复失地。

公元 761 年，叛军内部发生分裂，史思明被其子史朝义所杀，唐军趁机反攻平定了叛乱。战后，唐廷任命降臣为节度使，藩镇割据局面加剧，此后唐朝的中央集权逐渐削弱，地方割据势力增强。安史之乱是唐朝由盛而衰的转折点。

奉天之难

唐肃宗之子李豫在安史之乱后期即位，是为唐代宗。他面对的是一个满目疮痍的国家，为求暂时苟安，对安史降将采取姑息政策，任命其为节度使，同时掌握兵权的刺史也多被加授节度使称号，形成了藩镇割据的严重局面，地方藩镇势力逐渐坐大。

唐德宗即位后，力图改变这种局面，决定以武力削藩，加强中央集权。这一举措引发了叛乱，史称“奉天之难”，包括四镇之乱和泾原兵变。唐德宗被迫逃往奉天（今陕西省咸阳市乾县）。奉天之难是中晚唐藩镇跋扈、唐朝中央权威受挑战的标志事件之一。唐朝的军事力量在此次事件中遭受重创，藩镇军队则在战争中进一步壮大。

元和中兴

元和是唐宪宗的年号，唐宪宗即位前，唐德宗治下的大唐，国势日益衰落，出现了藩镇割据的各种问题，部分节度使拥兵自重。在经济方面，强藩控制运河要道，江南财物不能送到关中，尤为严重的是两税法实施几年以后，钱重货轻，人民的负担大大加重，纷纷破产逃亡，社会矛盾更加尖锐。

唐宪宗即位后，注意纳谏，任用贤才。他听取了宰相李绛的建议，采用“以法度裁制藩镇”的措施，对付地方强藩。税制上也对两税制进行改革，同时整顿漕运，削平了运河沿岸的藩镇割据势力，并且精简机构裁汰冗员，改善财政管理，积极兴修水利，改善生产条件。在唐宪宗的一系列改革下，唐朝逐渐政治回归正轨，社会出现兴旺的局面，因为唐宪宗在位是用元和作为年号，故而被史家称作“元和中兴”。

农民起义

唐末农民起义战争从公元859年的裘甫起义开始，到公元884年黄巢起义的失败结束，历时25年，沉重打击了腐朽的唐朝统治，加速了唐朝的灭亡。特别是黄巢起义，历时十年，攻破长安，建立大齐，是历史上著名的农民起义战争。

黄巢是曹州冤句（今山东省菏泽市西南）人，出身盐商家庭。公元874年，王仙芝在长垣（今河南省长垣市东北）起义，黄巢响应，率领数千人加入起义队伍。起义军提出“均平”的口号，反映了农民群众对土地和社会公平的渴望。

黄巢在长安建立政权后，没有建立起有效的统治秩序，内部矛盾逐渐显现，而且长期的流动作战使起义军没有稳固的根据地。唐朝政府军对起义军进行围剿，黄巢被迫撤离长安。公元 884 年，黄巢在泰山狼虎谷兵败自杀。

五代十国

唐朝末年，国家局势动荡不安，农民起义如狂风骤雨般席卷全国，唐朝的统治根基遭受重创，中国历史由此进入了一段割据混战的动荡岁月——五代十国。五代（公元 907—960 年）是唐朝灭亡后，中原地区依次更替的五个政权。十国（公元 902—979 年）是中原地区之外存在的一系列割据政权的统称。

五代

五代包括后梁、后唐、后晋、后汉和后周。公元907年，朱温篡唐建立后梁，标志着五代十国时期的开始。公元923年，李存勖灭后梁，建立后唐，后发生内乱被石敬瑭引契丹军攻灭，后晋建立。不久契丹军南下灭后晋，建立辽朝，同时刘知远在太原建立后汉，收复中原，郭威又篡后汉建后周。公元960年，赵匡胤发动陈桥兵变，后周被灭，建立北宋，五代时期结束。

后梁

朱温，起初加入黄巢起义军，凭借勇猛和智谋在军中迅速崛起。后来，他投降唐朝，被封为宣武军节度使，逐步扩大势力。在唐朝末年的动荡中，朱温控制了中央政权，于公元907年逼迫唐哀帝禅让，自立为帝，国号梁，史称后梁，定都开封。

朱温称帝后，为巩固统治，采取了一系列措施。他一方面加强中央集权，打击地方藩镇势力，但成效有限；另一方面，他重用亲信，导致政治腐败现象较为严重。朱温晚年，因继承人问题，诸子之间争权夺利，政局动荡。

后唐

晋王李克用之子李存勖在与后梁的长期对抗中逐渐占据上风。他继承父亲的遗志，整顿军队，发展经济，增强自身实力。公元923年，李存勖在魏州称帝，国号唐，史称后唐，不久后灭亡后梁，定都洛阳。

李存勖前期政治较为清明，他整顿吏治，任用贤能，但后期开始沉溺于享乐，政治逐渐腐败。李存勖死后，后唐内部发生多次政变，皇位更迭频繁。

后晋

后唐将领石敬瑭在自身实力不足以与后唐中央对抗的情况下，为了获取契丹的支持，以割让燕云十六州为代价，得到契丹的军事援助。公元936年，石敬瑭在契丹的扶持下称帝，国号晋，史称后晋，定都开封。

后汉

契丹灭后晋后，后晋河东节度使刘知远于公元947年在太原称帝，建立汉朝，史称后汉。随后，契丹军队北撤，刘知远进入开封，正式统治中原地区。后汉政权建立时间较短，政治局势动荡不安。刘知远在位时间不长，他死后，其继承人之间发生内乱，政治非常混乱，大臣专权和武将跋扈的现象严重。

后周

后汉隐帝猜忌大将郭威，企图将其杀害。郭威被迫起兵反抗，最终推翻后汉政权，于公元 951 年建立后周，定都开封。

郭威在位期间，进行了一系列政治改革，为后周的政治清明奠定了基础。郭威死后，其养子柴荣继位，柴荣继续推行改革，加强中央集权，使后周的政治环境更加稳定。

十国

十国政权主要包括南吴、吴越、前蜀、后蜀、闽、南汉、南平（荆南）、楚、南唐和北汉。其中，南吴和南唐、前蜀和后蜀分别是前后相继的政权，北汉则是十国中唯一建立在北方的政权。这些政权之间形成了错综复杂的关系，战乱频繁。直到宋朝建立后，这些地方割据政权才逐渐被统一，公元 979 年北汉被灭，标志着十国时期的结束。

前蜀

唐朝末年，王建以其军事才能在四川地区逐渐崛起。朱温代唐建梁后，王建不承认后梁政权，于公元

907 年在成都称帝，国号蜀，史称前蜀。

后蜀

后唐灭前蜀后，对蜀地的统治并不稳定。后唐西川节度使孟知祥在蜀地扩充自己的势力，后唐内乱时，孟知祥于公元 934 年在成都称帝，国号蜀，史称后蜀。

南吴

唐朝末年，淮南地区的杨行密在军阀混战中崛起。公元 902 年，唐昭宗封杨行密为吴王，建立吴国政权，史称南吴。

南唐

南吴权臣徐知诰（原名李昪）在公元 937 年废吴帝杨溥，自立为帝，国号唐，史称南唐。李昪自称是唐宪宗之子建王李恪的四世孙，以此来表明政权的正统性。

吴越

钱镠在唐朝末年占据两浙地区，朱温代唐建梁后，钱镠接受后梁的册封，被封为吴越王，建立吴越国。

闽国

王审知在唐朝末年跟随其兄王潮在福建地区发展势力。王潮死后，王审知继位，朱温称帝后，封王审知为闽王，公元 909 年建立闽国。

南楚

马殷在唐朝末年占据湖南地区，朱温称帝后，马殷被封为楚王，公元 907 年建立南楚政权。

南汉

刘䶮在唐朝末年占据岭南地区。公元 917 年，刘䶮在广州称帝，国号大汉，史称南汉。

南平

高季兴在朱温死后，占据荆南三州之地。后唐时期，高季兴被封为南平王，公元 924 年建立南平国。

北汉

后周建立后，后汉刘知远的弟弟刘崇在太原称帝，仍沿用汉国号，史称北汉。北汉依靠契丹的支持，与后周对抗。

北宋

在五代十国战乱频繁的时代，后周末年的殿前都点检赵匡胤，以其卓越的军事才能和深厚的政治根基，逐渐崭露头角。公元960年，后周朝廷接到北方边境急报，称契丹联合北汉大举入侵。时任后周世宗柴荣已死，幼主柴宗训即位，朝局不稳。赵匡胤受命率军北上御敌，在陈桥驿发动兵变，史称“陈桥兵变”。赵匡胤随即率军返回开封，顺利夺取政权，建立宋朝，定都于此，史称北宋，结束了五代十国长达半个多世纪的分裂局面，开启了新的历史篇章。

陈桥兵变

陈桥兵变是赵匡胤发动的取代后周、建立宋朝的兵变事件，发生于公元960年2月3日（后周显德七年正月初三）。背景是后周世宗柴荣去世后，年仅七岁的恭帝即位，政治不稳。传闻契丹联合北汉南下攻周，宰相范质等未辨真伪，急遣赵匡胤统率诸军北上御敌。周军行至陈桥驿，赵匡胤和赵普等密谋策划，发动兵变，众将以黄袍加在赵匡胤身上，拥立他为皇帝。随后，赵匡胤率军回师开封，京城守将石守信、王审琦开城迎接赵匡胤入城，胁迫周恭帝禅位。赵匡胤即位后，改国号为宋，仍定都开封。这一事件被称为“陈桥兵变”或“黄袍加身”。

杯酒释兵权

杯酒释兵权是宋朝初年宋太祖赵匡胤为加强中央集权而采取的一项重要政治举措。该事件发生于北宋建隆二年（公元961年），赵匡胤通过一场酒宴，巧妙地威逼利诱高阶军官石守信等人交出兵权。

在宴会上，赵匡胤表达了对将领们可能威胁皇位的担忧，并提出让他们放弃兵权，以确保君臣之间没有猜疑，从而换取荣华富贵和家族的安全。将领们理解了赵匡胤的意图后，纷纷交出兵权，被任命为地方节度使，从而解除了对中央政权的潜在威胁。这一事件标志着北宋对武将权力的削弱，开启了文人治国的时代。

纸币交子

北宋流通的主要货币是铜钱，局部地区使用铁钱。四川是使用铁钱的地区，铁钱和铜钱的比值是十比一，分量又重，小钱每十贯就有六十五斤，街市上买卖，三五贯铁钱就难以携带。这种情形，显然不适应商业繁荣以及大规模交易的需要。于是，北宋初年，成都的十几户富商联合起来发行了一种铁钱的代用券，代替铁钱在贸易中使用，称之为“交子”。

交子可以兑换现钱，但是兑换每贯要多交三十文，作为手续费。到了宋仁宗天圣元年（1023 年），宋朝官府在成都设立益州交子务，交子便由私人发行变成官方正式发行。交子最初只在四川地区流通，后来又在陕西地区使用，这种交子，就是中国最早的纸币，也是世界上最早出现的纸币。

活字印刷术

活字印刷术是一种古代的印刷技术，它允许使用可移动的、可重复使用的字模进行印刷。这项技术最早由中国的毕昇在北宋时期发明，大约在1040年左右。毕昇使用泥活字，将烧制好的陶土字模按照需要排列组合，用于排版印刷，印刷完成后可以拆解并重新排列，用于下一次印刷。活字印刷术相较于之前的雕版印刷术，大大提高了印刷效率，降低了成本。

庆历新政

庆历是宋仁宗的年号，宋仁宗登基时，北宋朝廷内部由于土地兼并和赋役不均，阶级矛盾激化，农民起义不断，外部则因为与辽和西夏连绵不断的战争，导致宋朝政权内外交困。内部的社会危机日益加深，各种弊政暴露的也更加清楚。

保守派官员吕夷简的政治地位逐渐动摇，作为改革派的欧阳修指责他担任宰相期间坏了天下，而长期被吕夷简排斥的范仲淹，因为在陕西对抗西夏防御战争的贡献，声望大增。所以朝廷内部，要求改革的势力逐渐强大起来。庆历二年（1042年）五月，欧阳修上疏宋仁宗，要求毫不迟疑地革去旧弊。

宋仁宗听从了欧阳修等人的建议，随即罢掉吕夷简的宰相职务，任命欧阳修、余靖、蔡襄等人为谏官，表示要改革天下弊事。庆历三年七月，宋仁宗任命范仲淹为参知政事，任命富弼为枢密副使，就革新事务提出处置意见。范仲淹具体提出了十条改革建议，宋仁宗基本上接受了范仲淹的革新建议，这就是北宋有名的“庆历新政”。但是新政的推行，必然触犯朝中权贵的利益，对于范仲淹等改革派的流言蜚语甚嚣尘上。昏庸的宋仁宗听信了流言后，不再信任范仲淹等人，接着范仲淹、富弼被贬，朝中改革派失去权力，庆历新政仅仅推行了一年，便草草结束，北宋朝廷又重新回到了因循守旧的老路上。

金朝建立

金朝的建立始于1114年，当时女真族在首领完颜阿骨打的领导下起兵反辽。次年，即1115年，完颜阿骨打在上京会宁府正式建立金朝，国号大金，建元“收国”。金朝迅速崛起，1125年灭辽朝。1126年，金军攻破北宋首都汴京（今河南省开封市），俘虏宋徽宗、宋钦宗。

金朝在1153年将都城南迁至燕京（今北京市），改名为中都大兴府，这一举措标志着北京建都历史的开始。金朝在世宗、章宗时期政治文化达到巅峰，但后期由盛转衰，最终于1234年，在南宋和蒙古的联合攻击下灭亡。

靖康之变

靖康之变是北宋末年的一次重大历史事件，发生在1126年至1127年。金军分两路南下攻宋，1125年破燕京后直逼汴京，面对金军威胁，宋徽宗禅位给宋钦宗。1126年，金兵首次围攻汴京后撤军，要求巨额赔款和土地。同年八月，金军再次南侵，闰十一月攻破汴京。宋钦宗被俘，北宋皇族、后宫、朝臣等三千余人被掳至金国，城中公私积蓄为之一空。1127年，金朝废宋徽宗、宋钦宗为庶人，北宋灭亡，这一事件史称“靖康之变”，标志着北宋的结束和南宋的开始。

南宋

靖康之变中，金兵大举南下，攻陷北宋都城汴京。在北宋覆灭之际，宋徽宗第九子赵构，因在外勤王而幸免于难，他在江南地区集结残部，于南京应天府即位，是为宋高宗，开启了南宋的新纪元。赵构即位后，鉴于北宋灭亡的教训，他选择了相对安全的临安（今浙江省杭州市）作为都城，远离金兵，同时积极组织抗金斗争，力图恢复中原，重振大宋威名。

岳飞北伐

岳飞是南宋初年的著名将领，字鹏举，相州汤阴（今河南省安阳市汤阴县）人。他自幼习武，成年后投身军旅，以勇猛和智谋著称。在北宋末年的乱世中，岳飞组建了岳家军，多次北伐，在与金军进行的激战中屡建战功。他强调出奇制胜，以灵活的战术和坚强的意志屡次击败金军，保卫了南宋的疆土。然而，由于朝廷内部的嫉妒和政治斗争，岳飞最终被以叛逆罪名逮捕并处决，年仅 39 岁，他的忠诚和英勇精神一直被后人传颂。

宋金议和

宋金议和是南宋与金朝间的重要谈判活动，主要包括绍兴和议、隆兴和议和嘉定和议。绍兴和议（1141年）中，南宋向金称臣，割地纳贡，东以淮河为界，西以大散关为界，岁贡银绢各二十五万。隆兴和议（1164 年）时，南宋改变称臣关系，岁币减少，双方以叔侄相称。嘉定和议（1208 年）进一步确认边界，减轻岁币负担，宋金关系调整为伯侄之国。这些和议为南宋带来暂时和平，但政治上屈辱，经济上负担沉重，反映了南宋军事软弱和谈判妥协。

隆兴北伐

1162年六月，宋孝宗即位后，宋朝和金朝之间的战争仍然在进行。七月，孝宗下诏恢复岳飞的原有官职，并且按照相应的礼仪进行改葬。为岳飞平反昭雪的目的，是为了鼓舞南宋主战派的士气。这也代表着宋孝宗在为随后的北伐做准备。1163年正月，宋孝宗提拔张浚为枢密使。三月金朝政府要求南宋按照绍兴和议向金朝纳贡，并且索要北宋在采石之战期间占领的淮北地区。南宋政府则要求地位平等和重新划界，遭到了金朝的拒绝。宋孝宗决定用武力改变宋金关系。

五月，张浚命令宋朝将领李显忠、邵宏渊率军六万，号称二十万，分别渡过淮河北上。李显忠首先攻下灵璧（今安徽省灵璧县），邵宏渊围攻虹县（今安徽省泗县），但是未能攻占，李显忠率部助攻，金朝守将立即向李显忠投降，宋朝军队占领虹县。邵宏渊因此嫉恨李显忠，宋军刚刚取得稍许胜利，主将之间便产生不和，这也为宋军在其后的失败埋下伏笔。李显忠攻打宿州，宋金展开恶战，金朝败退，双方伤亡数千人，邵宏渊被恶战形势吓倒，当金军再次进攻时，邵宏渊与其子乘夜逃跑，李显忠眼见宿州不可守，只好带领宋军南退。因为宿州郡名为符离，此战也被称为“符离之战”。这场战争的失败，给南宋朝廷带来了极大的震动，代表着宋孝宗北伐的彻底失败。

和战之争

符离之战宋军溃败，主战派靠边站，主和派的宋金议和便提上了日程。秦桧党羽汤思出任右相，与左相陈伯康力主求和。

金朝主持对宋事务的右丞相仆散忠义也适时致书南宋，提出可以将金宋的君臣关系改为叔侄关系，并且索要宋军占领的淮北土地。太上皇宋高宗得知后很高兴，并告诉宋孝宗，他要备礼物。张浚听闻后，反对出卖土地，孝宗听了后，又不想放弃新占领的土地，议和进程便停了下来。

隆兴二年初，金朝又一次致书给南宋，坚持要求索要南宋领土，汤思退看到宋孝宗仍然不同意金朝的议和条件，于是提出要求孝宗以社稷大计为重，甚至逼迫其“奏禀上皇而从事”。右相张浚在主和派的压力下自请辞相，金军进攻淮南，占领楚州（今江苏省淮安市）、滁州（今安徽省滁州市），南宋再次面临金军临江之势。宋孝宗内有太上皇等主和派的压力，外有金军虎视眈眈，只得同意议和。

蒙古政权建立

蒙古政权的建立始于1206年，当时蒙古高原各部落在铁木真的领导下实现了统一。铁木真在斡难河源头召开忽里勒台大会，被推举为蒙古各部的可汗，并被尊称为“成吉思汗”，正式建立大蒙古国。成吉思汗通过镇压各部落争斗，结束了蒙古草原长期混战的局面，废除了以往的部落制度，建立统一的政权。

蒙古帝国的组织结构按照十户、百户、千户、万户组成，进一步组成旗、路、州、国，还颁布了扎撒，是世界上最早的宪法性文件之一。成吉思汗的统治和改革，为后来的蒙古帝国的扩张和统一打下了坚实的基础。

金朝灭亡

金朝的灭亡是内外因素共同作用的结果。内部矛盾突出，民族冲突、皇权斗争和官僚腐败削弱了国力。经济困境加剧，国库空虚，民不聊生。外部威胁方面，蒙古的崛起对金朝构成了巨大挑战。成吉思汗于1211年发动蒙金战争，金朝虽有抵抗，但逐渐力不从心。1234年，蒙古联合南宋攻陷蔡州，金朝末帝完颜承麟即位不久，城破被杀，金哀宗自杀，金朝覆灭。金朝的灭亡标志着蒙古帝国的进一步扩张和南宋与蒙古之间的直接对峙。

宋蒙之战

蒙古窝阔台从端平二年（1235年）起就对南宋发动了大规模攻势，在襄、淮之间的许多地方都遭到了南宋军队的顽强抵抗，这时，蒙古军队的主要兵力放在第二次西征方面，还没有消灭南宋的计划。

在获得财富的目的得到满足后，南宋又派人求和的情况下，到了嘉熙四年，蒙古军队的攻势相对减弱。从嘉熙四年起的十来年间，蒙古军队虽然持续不断向南宋发起进攻，但是规模不大。蒙宋之间互有胜负，战争处于相持阶段。南宋利用这一形势，开始有计划加强了长江的防务。

淳祐十一年（1251年），蒙古贵族内部因为窝阔台之死，发生了长期的汗位争夺，拥立蒙哥为大汗。这时蒙古贵族已经有了消灭南宋的打算。一边在襄、邓一带分兵屯田，一边蒙哥又命令其弟忽必烈远征云南大理，用不到两年的时间控制了云南，完成了对南宋的侧翼包围。

开庆元年（1259年），蒙古军抵达合州（今重庆市合川区），蒙哥亲率大军包围合州城所在的钓鱼山。从二月到七月，蒙哥一直督促蒙古军队进攻，但是都被宋军将领王坚击退。最后蒙哥也中了飞矢，死于钓鱼山下。进攻四川的蒙古兵因为蒙古大汗的死去，被迫撤退。

进攻鄂州的忽必烈听闻蒙哥死去，蒙古诸王正在漠北拥立阿里不哥为大汗，随即与南宋负责长江防务的贾似道签订合约，宋蒙划长江为界，南宋每年向蒙古进贡二十万银两，绢二十万匹。合约签订后，忽必烈撤军回漠北争夺汗位。蒙古对南宋的第二次大规模攻势，因为合州钓鱼山蒙哥的中箭死去，不得不全线撤退。南宋又一次度过了濒临亡国的危机，获得了一次苟延残喘的机会。

元朝

元朝是中国历史上第一个由少数民族建立的大一统王朝。1271 年忽必烈定国号为大元，1272 年定都大都。1279 年，灭亡南宋流亡政权，结束了自唐末以来长期的混乱分裂割据局面，统一全国。自 1206 年铁木真建国始共 163 年，在位 15 位帝王；自忽必烈改国号为大元起共 98 年，在位 11 位帝王；自灭南宋起，统一时间共 89 年。

南宋灭亡

1276 年，元朝军队攻占临安，南宋朝廷流亡南方。1279 年，元朝大将张弘范、李恒围攻崖山，利用火攻法打败南宋军队，宰相陆秀夫看到大势已去，不愿苟活于世，独自背着 8 岁的小皇帝赵昺跳海而死。将军张世杰等人也不幸遇飓风，溺水而死。自此，南宋的最后一支军队全军覆没，南宋灭亡。

统一海内

从蒙古消灭西夏，讨伐金朝开始，到忽必烈征伐南宋，平定西北蒙古贵族叛乱，经过了长达七十年的战争，元朝最终完成了全国统一。元朝疆域“北逾阴山，西极流沙，东尽辽左，南越海表”，超越汉朝和唐朝。元朝的统一结束了唐朝灭亡后中国长期处于分裂的状态，促进了各民族之间的联系。边疆各族包括蒙古族，大量迁入中原和江南，大规模的人口流动，促进了各族经济、文化的发展与交融。

行省制度

元朝建立后，忽必烈在汉族知识分子的帮助下，参照中原历代王朝的统治方式，逐步确立了君主专制的中央集权制度。中书省作为中枢机构，当地方上遇有重大事务时，就派高级官员到地方处理，这些官员带有“行中书省事”头衔。沿用日久后，这个临时性的中央派出机构转变为常设的地方行政机构，简称行省或省，在行省之下，继承前代的制度，设置路、府、州、县。

这一行政区划与管理的制度，被称为“行省制度”，这一制度的确立，不仅加强了元朝政府的中央集权统治，同时也对明清的地方行政区划产生了很大影响。

红巾军起义

1351 年，红巾军于颍州（今安徽省阜阳市）发动农民起义。元顺帝统治末年，政权腐败、税赋沉重，天灾连年不断，人们苦不堪言。红巾军应运而生，各地农民纷纷响应。他们手持红旗，头戴红巾，故称为“红巾军”。明太祖朱元璋曾经就是“红巾军”的一分子。

出兵抗元

朱元璋领导的反元起义是中国历史上的重要事件。

朱元璋起初加入红巾军反抗元朝统治，因战功被郭子兴赏识，逐渐崭露头角。郭子兴去世后，朱元璋接管军队，最终成为吴王。1367 年，朱元璋命徐达、常遇春率军北伐，号召民众反抗元朝。北伐军遵循朱元璋的战略，先攻山东，再取河南，切断元朝羽翼，夺取潼关，最后直取大都。1368 年，朱元璋在南京称帝，建立大明，年号洪武。北伐军继续西进，元朝势力土崩瓦解，中国历史进入明朝时期。

元朝灭亡

元朝中后期，蒙古上层贵族因为成为帝国特权阶层，逐渐腐败堕落，皇帝昏庸无能，官员贪图享乐，军队力量不断退化，再加上元朝皇位继承制度紊乱，民族矛盾和阶级矛盾日益加剧，国力迅速消耗，导致元末年农民起义频发。1368 年，明朝攻占大都和上都，元廷退守漠北，史称北元，成为与明朝对峙的政权。北元到 1635 年，为后金所灭。

明朝

明朝的建立结束了元朝末年的混乱局面。朱元璋加强中央集权，废除丞相制度，设立三司（布政使司、都指挥使司、按察使司），进一步强化了皇权统治。明朝历经16帝，享国276年。上承元朝、下启清朝，在政治、经济、文化、军事等诸多领域都取得了显著成就。在文化方面，四大名著之三的《三国演义》《水浒传》《西游记》等长篇小说问世。

明朝建立

元朝末年，政治腐败，社会矛盾急剧尖锐。在这种背景下，农民起义在各地风起云涌。红巾军起义是其中规模最大的起义运动。

1352年，朱元璋在濠州（今安徽省滁州市凤阳县）加入郭子兴领导的红巾军。他作战勇敢，智谋过人，很快得到郭子兴的赏识，还娶了郭子兴的养女马氏（后来的马皇后）为妻。在军队中，朱元璋不断扩充自己的势力，招募人才，如徐达、常遇春等将领就是在这个时期加入了他的队伍。

1356年，朱元璋攻占集庆（今江苏省南京市），改名为应天府。他以此为根据地，实行“高筑墙、广积粮、缓称王”的策略。在根据地内，积极发展农业生产，兴修水利，减轻农民负担，同时加强军事防御，训练军队，广纳贤才，使得应天府成为一个稳定繁荣的地区。

朱元璋陆续打败陈友谅、张士诚，完成了南方的统一。1367年派遣徐达、常遇春率领大军北伐，元顺帝逃离大都，元朝在中原的统治结束。同年，朱元璋在应天府称帝，国号大明，年号洪武。随后，明军继续追剿元朝的残余势力，基本实现了全国的统一。

洪武之治

洪武之治，是明太祖朱元璋在位期间出现的治世，是明初三大治世之一。明朝前期经过朱元璋的洪武之治，国力得到迅速增长。朱元璋在位期间，下令农民归耕，奖励开垦荒地；大搞移民屯田和军屯；组织各地农民兴修水利；他还迁徙富民，抑豪强；下令解放奴婢；减免税负，惩治贪官；派人到全国各地丈量土地，清查户口等。到洪武二十六年（1393 年），民户达 1605 万户，人口达 6054 万人，垦地面积达 850 万顷，为明朝后世的经济发展打下极为牢固的基础。

永乐盛世

永乐盛世，是明成祖朱棣统治时期出现的盛世。明成祖时期，不仅完善了文官制度，在朝廷中逐渐形成了之后内阁制度的雏形，该制度后续影响了明清两朝。明成祖统治期间社会安定、国家富强，疆域辽阔；编纂了《永乐大典》；永乐三年（1405 年），朱棣派遣郑和为正使下西洋，加强与其他国家的文化交流；并构建起北京城的基本规模。

郑和下西洋

明成祖朱棣派遣郑和下西洋，宣扬国威，加强与其他国家的文化和经济交流。首次航行始于永乐三年（1405 年），末次航行结束于宣德八年（1433 年），共计七次。明朝船队到达西太平洋和印度洋，访问了占城、爪哇、苏门答腊等 30 多个国家和地区，最远到达东非、红海，加深了明朝在海外的影响。

嘉靖新政

正德十六年（1521 年），明武宗死去，由于他没有子嗣，所以皇太后和内阁首辅杨廷和决定从最近支的皇室寻找继承人，遂以“兄终弟及”的原则将明武宗堂弟朱厚熜立为皇帝，是为嘉靖帝。

明世宗嘉靖帝即位后，求治之心甚切，他连续推行了一系列善政。其中主要有逮捕了武宗年间作恶的宦官。这些人在明武宗时期，招权纳贿，势行中外，冒功受赏，挟势取赂，公私蠹耗。嘉靖帝统统将其逮捕惩治。不允许各地进献内苑禽兽，罢广西的贡香。清理庄田，并且明确不问皇亲国戚，凡是多占者，全部悉数归还人民，如果隐瞒真情，从重惩处。

嘉靖帝广开言路，命令群臣陈述民间疾苦，同时加强备荒赈济，鼓励地方官员修义仓、置义田等。通过嘉靖帝出台的善政，明朝在嘉靖的治理下，逐渐展现出一股新风,使得死气沉沉的政局有了活泼的气象。

张居正改革

十六世纪后半期，日趋衰败的明王朝一度出现了政治清明，国家转向富强的局面。在这场振弊起衰的转变中，其主导作用的是明朝著名宰相张居正。嘉靖四十五年（1566年）十二月，嘉靖帝病死，裕王即位，是为穆宗。

隆庆元年正月，张居正以裕王旧臣的身份，被拔擢为礼部右侍郎兼翰林院学士。二月进入内阁，参预大政。张居正入阁第二年，就提出了自己的改革主张。但是穆宗和内阁首辅李春芳等人务求朝廷安宁，张居正的改革并未得到施行。神宗即位后，张居正结交宦官冯保，驱逐了高拱，担任内阁首辅，当时神宗年仅十岁，国家大事皆出张居正。张居正也以天下为己任，进行了一系列改革。

在政治上，制定考成法，严格考核政令执行情况，借以提高政府官员的行政效率；推行内外官久任法，规定知府、知县六年一迁，其间如果发现不称职者，抚、按官可以量行更替。经济上开源节流，劝导神宗节俭，削减各项靡费；改革赋役制度，在全国推行一条鞭法。同时他又整顿防务，抵御倭寇。这些措施大大加强了明朝的国力。张居正十年的柄政过程中，成绩显著，使得明朝一度摆脱了危机，呈现出一派中兴气象。

后金建立

明朝后期，东北地区的女真各部之间长期处于分裂、割据和混战的状态。努尔哈赤出身建州女真，他凭借卓越的军事才能和领导智慧，从 1583 年开始，用了 30 多年的时间，逐步统一了女真各部，为建立后金政权奠定了坚实的基础。

1616 年，努尔哈赤在赫图阿拉（今辽宁省抚顺市新宾满族自治县）称汗，国号大金，史称后金，年号天命。努尔哈赤作为后金的最高统治者，建立起一套相对完整的政治、军事和经济制度。后金的建立是女真族历史发展的一个重要里程碑，它标志着女真族从一个分散的部落联盟走向了一个统一的政权，为后来清朝的建立和发展奠定了基础。

李自成起义

明天启、崇祯年间，政治腐败，剥削人民，陕北连年旱荒，农民苦不堪言，纷纷起义。1629 年，李自成起义。1644 年正月，李自成建立大顺政权，年号永昌；1644 年 3 月 18 日，李自成攻克北京，明朝灭亡。李自成起义摧毁了腐朽的明王朝统治，建立了中国历史上具有重要影响的农民起义政权“大顺朝”，推动了历史的进程。

清朝

清朝是中国历史上最后一个封建王朝，共传12帝。1616年，努尔哈赤建立王朝，定国号为大金，亦称后金。1636年，努尔哈赤之子皇太极登基称帝，将国号正式改为清，改年号为崇德。清朝时期，统一多民族国家得到了巩固和发展。

清朝建立

后金建立后，努尔哈赤开始积极对外扩张，与明朝之间的矛盾日益尖锐，多次与明朝军队发生战争，并在萨尔浒之战中大败明军，后金军队接连攻占了明朝在辽东的大片领土。1626年，努尔哈赤去世，其子皇太极即位。1636年，皇太极在盛京（今辽宁省沈阳市）称帝，改国号为清，正式建立清朝。

1644年，李自成率领的大顺农民军攻占北京，明朝灭亡。驻守山海关的明朝将领吴三桂降清，引清兵入关。清军在吴三桂的引领下，迅速击败大顺军，占领北京。清朝以北京为中心，开始了统一全国的战争。

清朝的建立和发展，对中国历史产生了深远的影响，它不仅在政治、经济、文化等方面继承和发展了中国传统封建制度，而且在民族融合、边疆治理等方面也取得了显著成就。

康乾盛世

康乾盛世是中国古代封建王朝的最后一个盛世，经历了康熙、雍正、乾隆三代皇帝。康熙帝平定三藩之乱，统一台湾，抗击沙俄侵略，三征噶尔丹，建立会盟制度和避暑山庄外藩朝觐制等，加强了多民族国家的统一。雍正帝设立军机处，使皇权进一步强化，同时推行摊丁入亩、火耗归公等政策，整顿吏治，加强了中央集权。乾隆帝时期，继续巩固国家统一，平定大小和卓叛乱，加强对西藏的治理等。

康乾盛世在中国历史上具有重要的地位，它使中国的封建经济发展到了一个新的高峰，国家的综合国力得到了极大提升，民族融合进一步加强，传统文化得到了传承和发展。

郑成功收复台湾

清顺治十八年（1661 年），郑成功率领兵将从金门料罗湾出发，横渡台湾海峡，抵达澎湖岛，由鹿耳门北航道突袭荷兰殖民者。清康熙元年（1662 年），荷兰侵略军投降并退出中国台湾。至此，荷兰在中国台湾长达 38 年的殖民统治结束。开启了明郑政权对台湾的统治。郑成功收复台湾不仅是中华民族反抗外来侵略的成功尝试，驱逐了荷兰殖民者，维护了中华民族的利益，还进一步捍卫了中国主权与领土的完整，具有重大的历史意义。

虎门销烟

清朝道光年间，清政府委派林则徐在广东虎门集中销毁鸦片。清道光十九年（1839 年），虎门销烟正式开始。为防止吸毒者掘地取土，林则徐另辟蹊径，找出了一种方法——“海水浸化法”。林则徐共销毁两百三十七万六千二百五十四斤鸦片，其中少数鸦片运送京师作样本，然后销毁。虎门销烟在一定程度上遏制了鸦片在中国的泛滥，维护了中华民族的尊严和利益，是中国近代史上反对帝国主义的重要史例。

鸦片战争

1840 年，英国对中国发动了一场侵略战争——鸦片战争。鸦片战争是中国近代史的开端。

清政府在战争中屡战屡败，被迫求和。1842 年 8 月 29 日，清政府与英国签订了中国近代史上第一个不平等条约——《南京条约》，中国的主权独立和领土完整开始遭到破坏，从封建社会逐步沦为半殖民地半封建社会。《南京条约》主要内容包括割让香港岛给英国，开放广州、厦门、福州、宁波、上海五处为通商口岸，赔款 2100 万银元，协定关税等。1843 年，英国又强迫清政府签订了《五口通商章程》和《虎门条约》，作为《南京条约》的补充和细则，进一步攫取了领事裁判权、片面最惠国待遇等权益。

1856—1860 年间，英、法为了扩大侵略权益，对中国挑起了第二次鸦片战争。美、俄趁火打劫。四国分别强迫清政府签订了《天津条约》《北京条约》等，使中国丧失了更多领土和主权，列强侵略势力扩大到沿海各省和长江中下游地区，中国社会的半殖民地化程度进一步加深。

洋务运动

洋务运动，又称自强运动，是 19 世纪 60 年代到 90 年代晚清洋务派进行的一场引进西方军事装备、机器生产和科学技术以挽救清朝统治的自救运动。该运动以爱新觉罗·奕䜣、瓜尔佳·文祥、曾国藩、李鸿章、左宗棠、张之洞等为代表，以“自强”“求富”为口号。1895 年在中日甲午战争中，北洋海军全军覆没，《马关条约》的签订，标志着历时 30 余年的洋务运动破产。

中日甲午战争

甲午战争（1894 年 7 月—1895 年 4 月）是 19 世纪末日本侵略中国和朝鲜的战争，因战争开始的 1894 年为甲午年，故称甲午战争。1894 年 9 月 17 日，中日甲午战争黄海海战爆发，此战是东亚自有蒸汽舰船以来规模最大的一场海战，北洋海军损失惨重。此次战役中北洋舰队邓世昌见吉野恃其船捷炮利，横行无忌，决意与之冲撞，同归于尽。全舰官兵除七名遇救外，其余自邓世昌以下全部壮烈殉国。

该战争由于日本蓄谋已久，而清政府腐败无能，仓皇迎战，最后中国战败，清政府被迫与日本签订《马关条约》。

戊戌变法

戊戌变法又称百日维新、维新变法、维新运动，发生于 1898 年 6 月到 9 月。它是晚清时期维新派人士通过光绪帝进行倡导学习西方，提倡科学文化，改革政治、教育制度，发展农、工、商业等的资产阶级改良运动。其因损害到以慈禧太后为首的守旧派的利益，而遭到强烈抵制与反对，因此 1898 年 9 月 21 日慈禧发动戊戌政变，导致变法失败（历时 103 天）。戊戌变法是一次具有爱国救亡意义的变法维新运动，对社会进步和思想文化的发展具有重要推动作用。

八国联军侵华

八国联军侵华战争（1900 年 5 月 28 日—1901 年 9 月 7 日）是指以英、美、法、俄、德、日、意、奥八个主要国家组成的军队对中国清朝进行的一场武装侵略战争。

义和团运动是一场反帝爱国运动，这一运动粉碎了帝国主义列强瓜分中国的狂妄计划，沉重打击了清政府的反动统治，加速了清政府的灭亡。1900 年春，义和团运动成为八国联军侵华战争的导火索，以此为借口，八国联军以镇压义和团之名行瓜分和掠夺中国之实。慈禧太后和光绪帝逃往西安，北京城彻底沦陷，联军烧杀抢掠，无数珍贵文物被掠夺或毁坏。

《辛丑条约》

《辛丑条约》是清政府于 1901 年 9 月 7 日和八国联军在北京签订的不平等条约。《辛丑条约》规定了巨额赔款、划定使馆区、拆炮台等内容。该条约的签订，使中国的政治主权遭到了极其严重的破坏，巨额赔款使中国经济遭受沉重打击，进一步加剧了中国的贫困和落后。这是中国近代史上赔款数目最庞大、主权丧失最严重的不平等条约，使中国彻底沦为半殖民地半封建社会，给国家和人民带来了空前沉痛的灾难。

辛亥革命爆发

1911 年至 1912 年初，中国爆发了一场为推翻清朝专制帝制、建立共和政体的全国性民主革命。1911 年夏，清政府向帝国主义出卖川汉、粤汉铁路，引发人民强烈不满，保路运动伴着火车轰鸣响彻湘、鄂、粤、川等省，尤其以四川省斗争最为激烈。同年 10 月 10 日，革命党人熊秉坤在武昌上空打响了第一枪，随后，总指挥蒋翊武、参谋长孙武等人在湖北发起了旨在推翻清朝统治的起义，称为“武昌起义”。

武昌起义的胜利，极大地鼓舞了全国各地的革命力量，拉开了辛亥革命的序幕，加速了清朝统治的崩溃。1912 年元旦，孙中山在南京就任临时大总统，宣告中华民国成立，接着颁布了《中华民国临时约法》。

辛亥革命既创造了伟大的历史功绩，也留下了深刻的教训。辛亥革命是中国近代历史上的一次反帝反封建的资产阶级民主革命。

1912 年 2 月 12 日，清帝溥仪宣布退位，标志着清朝统治的结束，同时也意味着在中国延续了两千多年的封建帝制的终结。

清帝退位后，袁世凯凭借其掌握的北洋军事实力和在政治上的手腕，窃取了辛亥革命的胜利果实，于 1912 年 3 月就任中华民国临时大总统，临时政府迁往北京，以袁世凯为首的北洋军阀政权建立了起来。

在帝国主义和封建主义两座大山的压迫下，中国人民陷入了水深火热之中，国家积贫积弱，面临着严重的民族危机。但中国人民从未停止过反抗，进行了一系列反帝反封建的斗争，最终在中国共产党的领导下，经过长期的革命斗争，推翻了帝国主义和封建主义的统治，赢得了民族独立和人民解放。